손으로 읽고
마음에 쓰는
붓다의 말

손으로 읽고
마음에 쓰는
붓다의 말

발행일	2025년 9월 22일 초판 1쇄 발행
지은이	고운기
발행인	방득일
편 집	박현주
디자인	강정화
마케팅	김지훈

발행처	맘에드림
주 소	서울시 도봉구 노해로 379 대성빌딩 902호
전 화	02-2269-0425
팩 스	02-2269-0426
e-mail	momdreampub@naver.com

ISBN 979-11-993735-3-2 03100

※ 책값은 뒤표지에 있습니다.
※ 잘못된 책은 구입처에서 교환하여 드립니다.
※ 이 책은 저작권법에 의하여 보호를 받는 저작물이므로 무단 전재와 무단 복제를 금합니다.

한 글자 한 글자 적으며 내 마음을 벼리는 시간

손으로 읽고
마음에 쓰는
붓다의 말

고운기

맘에드리는책

책머리에

나의 불교 경전 공부는 고려의 승려 일연 一然이 쓴 《삼국유사》를 따라 하였다. 《삼국유사》의 어느 대목에서 경전이 나오면, 그 대목을 이해하기 위해 그때마다 주석서 등을 찾아보며 했던 공부라는 것이다.

예컨대 효소왕 6년 망덕사 준공 법회를 쓴 대목에서 보자. 왕이 주재한 잔치의 말석에 앉은 초라한 차림의 승려와 왕이 나눈 대화가 있다. 자리가 끝나갈 무렵, 왕은 내심 거만하게, "어디 가서 임금이 손수 베푼 음식을 먹었다 하지 말게." 하였으나, 승려는 "임금께서도 산 부처님에게 공양하였다고 말씀하지 마소서." 받아친다. 이 대목이 주는 의미는 굳이 설명할 필요 없이 분명하다.

그런데 뒤이어 일연은 출처가 '지론 智論 제4'라고 밝힌 경전에서 이야기를 하나 끌어와 소개한다. 효소왕 이야기와 사뭇 닮아서였다. 그래서 '지론 제4'를 찾아본다. 이렇게 되면 경전 공부도 하면서 신나게 본문에 해설을 붙일 비교 거리가 생긴다. 정작 이때는 《대지도론 大智度論》을 아무리 뒤져도 같은 내용을 찾지 못해 당혹스럽긴 했지만.

어쨌건 그렇기에 나는 불교 경전을 종교적으로 체계 있게 깊이 공부한 사람이 아니다.

이제 미미한 견문으로 불교 경전 필사筆寫를 낸다는 것은 매우 부끄럽다. 다만 가장 기본이 될 네 권의 경전을 통독할 기회로 여기고 덤벼들었다. 집필하는 내내 정말로 "누구보다 내가 먼저 크게 공부하는구나." 감탄했다.

특히 뗏목의 비유를 한용운의 시와 견주어 다시 생각했을 때 그랬다.

한용운은 〈나룻배와 행인〉에서 뗏목을 '나룻배'로 바꾸어 노래하였다. '나는 나룻배/당신은 행인'으로 시작하는 그 작품이다. 제발 흙 묻은 발길로 짓밟고 가도 좋으니 오라고 한다. 뗏목을 이고 가는 자의 미련함이 아예 강물로 나오지 않는 것보다 낫기 때문이다.

이 필사도 뗏목 같은, 나룻배 같은 것이다. 더럽혀져도 좋으니 펼쳐서 쓰며 강을 건너는 데 벗이 되길 바란다.

2025년 입추를 맞으며
고운기

차례

책머리에 • 004
마음에 쓰기 • 212
참고자료 • 228

| 아함경 | **깨달음으로 이끄는 진리의 언행록**

어울리나 물들지 않는 • 10 / 고통·집착·소멸·득도 • 12 / 누구도 빼앗을 수 없는 재산 • 14 / 뗏목은 타고 강을 건너면 그뿐 • 16 / 현세에서 번뇌를 끊어 버리면 • 18 / 극단을 버리고 중도를 • 20 / 풀잎 끝의 이슬 같은 인생 • 22 / 그림자를 떨쳐낼 수 없듯이 • 24 / 밀물 드는 모래펄에서 • 26 / 바람 마주하여 먼지를 떨면 • 28 / 온 세상이 불타오르고 있다 • 30 / 복으로 마음 창고를 지은 사람 • 32 / 성냄을 죽이고 얻은 것 • 34 / 편견과 독단을 끊고 • 36 / 어리석음과 지혜의 차이 • 38 / 자기 자신을 스승으로 삼으라 • 40 / 생선을 감싼 풀잎이 되려는가? • 42 / 가까이 벗해야 할 좋은 사람이란 • 44

| 화엄경 | **붓다의 광명으로 장엄된 세계**

그림은 그저 그림일 뿐 • 48 / 무간지옥에 내려온 손길 • 50 / 거칠 것 없는 사람의 길 • 52 / 오직 마음이 주인 • 54 / 한눈팔지 말고, 부지런히 • 56 / 맑고 깨끗하게 사는 법 • 58 / 도의 근본, 공덕의 어머니 • 60 / 믿음이 그곳에 이르게 하리라 • 62 / 진실을 가리는 가장 큰 걸림돌 • 64 / 꿈 같은, 메아리 같은 • 66 / 청정한 허공과도 같은 보리심 • 68 / 우리가 배워야 할 것들 • 70 / 마음은 능숙한 화가 • 72 / 진흙탕에 물들지 않는 연꽃처럼 • 74 / 붓다도 없고 세계도 없다 • 76 / 우리는 왜 고통 속을 달리는가? • 78 / 나부터 선을 행한 다음에 • 80 / 마음에서 만드는 허깨비 • 82 / 꿈 같은, 번개 같은 • 84 / 물은 한 가지 맛이지만 • 86 / 내가 참는 까닭 • 88 / 세상에서 어려운 일 • 90 / 삼독(三毒)의 해법 • 92 / 선한 뿌리를 키우는 복의 밭 • 94 / 물·불·바람 • 96

| 법구경 | 시로 읊은 불멸의 가르침

마음이 '비롯'이요, '으뜸'이니 • 100 / 잘 엮어진 지붕에 비가 새지 않듯이 • 102 / 지켜진 마음이 가져오는 것 • 104 / 함부로 죽이지 말라 • 106 / 눈먼 어미를 두고 온 코끼리의 마음 • 108 / 부끄러움을 아는, 깨어있는 사람 • 110 / 고정관념이여 욕망이여 • 112 / 짧은 쾌락 기나긴 고통 • 114 / 물거품과 같은 생애여 • 116 / 내 슬픔은 어디에서 오는가? • 118 / 국경을 수비하듯 마음을 지키라 • 120 / 늪에서 빠져나온 코끼리처럼 • 122 / 자신을 구원할 이는 오직 • 124 / 승리도 패배도 모두 넘어 • 126 / 집착할수록 걷잡을 수 없는 • 128 / 소 떼가 들판으로 가면 • 130 / 단 하루를 살아도 • 132 / 행복하자, 미워하지 말고 • 134 / 선물, 재산, 친척 그리고 행복 • 136 / 제비가 짖는다 • 138 / 진정 고귀한 사람이란-1 • 140 / 어차피 죽는다는 것을 깨닫는다면 • 142 / 스스로 풀어야 할 미움 • 144 / 물방울이 방울방울 항아리를 채우듯 • 146 / 일희일비(一喜一悲) 말라 • 148 / 침묵의 명상 • 150 / 나를 경책할 스승은 무엇? • 152 / 마포 밤섬의 전설 • 154 / 행복의 근원 • 156 / 구름을 헤치고 나온 달 • 158 / 진정 고귀한 사람이란-2 • 160 / 화살을 참고 견디는 코끼리처럼 • 162 / 가장 위대한 정복자 • 164 / 진정한 세상의 주인 • 166 / 사랑도 미움도 괴로움인 것을 • 168 / 사랑도 없고, 미움도 없다면 • 170 / 진정한 마부 • 172 / 죽고 삶의 악순환 • 174 / 순수한 사람, 사악한 사람 • 176 / 욕망으로 일어나는 고통 • 178 / 다시 지을 수 없는 집 • 180

| 능엄경 | 내 마음을 다스려 해탈에 이르는 길

깨달음의 두 가지 근본이란? • 184 / 등불과 눈과 마음 • 186 / 물거품이 바다라는 착각 • 188 / 인연도 아닌, 자연도 아닌 • 190 / 본질을 왜곡한 것은 병든 내 눈 • 192 / 나타났다 어느새 사라지는 • 194 / 물속의 해그림자 • 196 / 허공의 꽃 • 198 / 관음보살의 서른두 가지 응신 • 200 / 모래를 끓여 짓는 밥 • 202 / 살아있다면 풀조차 • 204 / 새는 잔에 물 붓기 • 206 / 똥을 깎아 불상을 만들려는가? • 208 / 닦고, 조이고, 기름 치자 • 210

7

《아함경》은 처음 전승된 붓다의 가르침이 원형 그대로 담겼다. 아함^{阿含}이란 '전하여 온 뜻'이라는 산스크리트 아가마^{Agama}를 한자로 옮긴 것이다. 붓다와 제자들의 문답 속에 사성제^{四聖諦}, 팔정도^{八正道} 등 불교의 근본 교리를 전한다.

아함경

깨달음으로 이끄는
진리의 언행록

어울리나 물들지 않는

물속에 백련화가 아름답게 피었으나
진흙에 물들지 않고 그윽한 향기와 아름다움으로
사람에게 기쁨을 주듯
나 또한 세상에 나와서 세상과 어울리나
번뇌에 물들지 않는다.

— 〈별역잡아함경〉 제4

붓다가 바라문 도나[1]에게 밝힌 자신은 당당하고 위엄 그 자체이다.

"나는 감관(感官)을 잘 다스려[2] 번뇌를 끊었노라."

곧 '해탈하여 윤회의 굴레를 벗어났다'는 말이다. 공자가 말한 조화하지만 섞이지 않는 '화이부동(和而不同)'과도 닮았다. 스스럼없이 어울릴지언정 결코 번뇌에 물들지 않는다.

---

1. 부처의 유해 분배를 둘러싸고 각국이 분쟁이 벌어질 위기에 놓였을 때 이를 현명하게 중재한 인물로 알려진다. 부처가 깨달음에 이른 직후에 만난 인물이기도 하다. 여기서 바라문은 인도의 신분제 최상위 계급인 브라만을 가리킨다.
2. 눈(眼), 귀(耳), 코(鼻), 혀(舌), 몸(身), 뜻(意)의 여섯 감각 기관을 통해 들어오는 외부 자극에 대해 마음이 흔들리지 않고, 욕망이나 번뇌에 사로잡히지 않도록 지혜롭게 통제하고 조절했다는 의미다.

고통 · 집착 · 소멸 · 득도

나는 스스로 중생의 현실이

고통^苦으로 가득하다는 것을 깨닫고

남을 위해 그것을 설명한다.

나는 고통이 발생하는 원인인 집착^集을 깨닫고

남을 위해 그것을 설명한다.

나는 집착의 소멸^滅을 이루어

남을 위해 그것을 설명한다.

나는 고통을 소멸하는 득도^道를 알고

남을 위해 그것을 설명한다.

— 〈중아함경〉 제34

드디어 깨달음에 이른 붓다가 기원정사[3]로 달려온다. 환희에 찬 붓다는 비구들 앞에서 사성제^{四聖諦}[4]를 가르친다. 붓다의 가르침 중 맨 선두에 서는, 가르침 중의 가르침이다. 붓다는 "말하는 것처럼 행동하였고, 행한 것처럼 말해 왔다."고 하였다. 어찌 위대하지 아니한가.

---

3. 붓다가 설법을 행한 장소로 십육대국 시대 코살라의 수도 슈라바스티에 있던 사찰의 이름이다.
4. 사제(四諦)라고도 함. 고제(苦諦) · 집제(集諦) · 멸제(滅諦) · 도제(道諦)의 4가지 진리 또는 깨우침.

손으로 읽기

누구도 빼앗을 수 없는 재산

믿음은 생사의 광야曠野를 건너는 재산이요
스스로 닦은 복은 누구도 빼앗지 못한다.
도적이 겁탈하려 해도 복을 빼앗을 수가 없지만
사문沙門5에게 복을 주고서는 오히려 기뻐한다.
지혜로운 사람은 사문이 자주 찾아와도
그를 싫어하지 않고 가까이하며 즐거워한다.

— 〈별역잡아함경〉 제14

해탈을 선망하고, 이를 추구함으로써 모든 굴레에서 벗어난다는 가르침을 노래한다. 《법구비유경》6에도 이와 상응하는 게송이 있다.

"믿음은 깊은 못을 건너나니 마음을 다스리는 뱃사공이라. 정진으로 괴로움을 없애고 지혜로 피안彼岸에 도달하리라."

역시 믿음이란 모든 일의 선두에 선다.

---
5. 슈라마나. 해탈을 추구하며 도를 닦는 이.
6. 법구경의 게송 중 3분의 2 정도를 가려 뽑아 그것들이 설해진 배경이나 인연을 이야기로 덧붙인 경.

뗏목은 타고 강을 건너면 그뿐

뗏목이 물을 건널 때 아무리 유용했더라도
일단 물을 건너고 나면 뗏목은 버리고 길을 갈 것이다.
뗏목이란 물을 건널 때는 반드시 필요하지만
물을 건너고 나서는 필요가 없기 때문이다.
내가 가르친 법도 뗏목과 같아서
강을 건너는 데 필요한 것이지
강을 건너고 나면 필요한 것이 아니다. ─〈중아함경〉 제54

참으로 널리 알려진 뗏목의 비유[7]가 여기 나온다. 만해 한용운은 〈나룻배와 행인〉에서 뗏목을 '나룻배'로 바꿔 노래하기도 했다.

"나는 나룻배/당신은 행인 …(중략)… 만일 당신이 아니 오시면/나는 바람을 쐬고 눈비를 맞으며/밤에서 낮까지 당신을 기다리고 있습니다"

흙 묻은 발길로 짓밟고 가도 좋으니 그저 오기만 바라는 것 같다. 우리 시대의 현자賢者는 미련하게 뗏목을 이고 가는 자라도 부러워할 태세다. 아예 찾아오지 않는 것보다 낫기 때문일까?

----
7. 부처의 가르침은 '뗏목'에 비유된다. 뗏목은 목적이 아닌 수단에 불과하니 궁극의 목적, 즉 스스로 깨달음을 얻고 나면 불필요해진다는 의미다. 가르침을 가벼이 여겨도 안 되나 집착은 경계해야 한다.

현세에서 번뇌를 끊어 버리면

탐욕과 성냄과 어리석음을 끊으면

자기도 해치지 않고 남도 해치지 않으며

둘 다 해치지도 않는다.

현세에서 죄를 받지 않고 후세에도 죄를 받지 않으며

두 세상에서 다 죄를 받지 않는다.

그래서 마음이 항상 기쁘고 즐겁다.

그런 사람은 시절을 기다리지 않고

현세에서 번뇌를 완전히 끊어 버리고

스스로 밝은 지혜를 얻어 깨달음을 얻게 된다. ―〈잡아함경〉 제35

한 사람이 아난다[8]에게 물었다. 곁에 붓다와 함께 있었지만, 굳이 모른 체 그에게 물은 것이다.

"무엇 하러 붓다를 따라다니느냐, 삼독(三毒)이란 무엇이고 어떤 허물이 생긴다는 것이냐, 그것을 끊으면 어떤 복이 있느냐."

질문 속에 짐짓 떠보려는 고약한 심보가 뻔히 보인다. 하지만 아난다는 그저 위의 노래로 차분히 답했을 뿐이다.

....
8. 석가모니의 십대 제자로 십육 나한 중 한 사람이기도 하다.

극단을 버리고 중도를

'일체는 유^{有}다'라는 주장은 하나의 극단이다.
'일체는 무^{無}다'라는 주장은 또 다른 극단이다.
나는 이런 두 가지 극단을 버리고
중도^{中道}를 말한다.
중도란 무엇인가?
"이것이 있기 때문에 저것이 있고,
이것이 일어나기 때문에 저것이 일어난다."
바로 이것이다.

― 〈잡아함경〉 12

존재하지 않는다, 영원히 존재한다 이 모두 집착일 뿐, 연기^{緣起}에 근거하여 중도를 말한다. 그리하여 붓다는 깟짜야나[9]에게 이런 말로 중도를 가르쳤다.

"올바른 통찰력을 가지고 세계가 일어나는 것을 있는 그대로 보는 사람은 세계가 존재하지 않는다고 집착하지 않을 것이요, 올바른 통찰력을 가지고 세계가 변해가고 있음을 있는 그대로 보는 사람은 세계가 영원히 존재한다고 집착하지 않을 것이다."

---
9. 아난다와 함께 부처님의 십대 제자 중 한 명. 특히 부처님의 간결한 말씀을 상세하게 해설하는 능력이 뛰어났다고 알려진다.

풀잎 끝의 이슬 같은 인생

인생이란 햇살에 금방 말라 버리는 풀잎 끝의 이슬 같은 것.
물방울에 터지는 물거품 같은 것.
한 찰나도 쉼 없이 흘러내리는 산골짜기의 물과 같은 것.
온갖 잡티와 찌꺼기를 담고
이리저리 골짜기를 휘감으며 한시도 쉴 새 없이 흘러가는 것.

― 〈중아함경〉 제40

스코틀랜드 민요를 개사한 양희은의 노래 〈아름다운 것들〉을 아는가? 참으로 서정적인 노랫말이 인상적인데, 첫 구절에서 누가 어디로 '이슬방울'을 데려가는지 담담하게 물으며 시작된다.

비단 노랫말뿐이랴. 바람과 비에 물어도 정녕 아무도 모르는 갈 곳, 이슬방울 같은 우리네 인생.

손으로 읽기

그림자를 떨쳐낼 수 없듯이

그림자가 형체를 따라다니는 것처럼
사람이 지은 선과 악은 그 사람을 따라붙는다.
마치 씨앗을 뿌리면 씨앗은 밑에서 썩지만
씨앗에서 나온 뿌리는 줄기와 잎을 내고
꽃에서 열매가 열리는 것과 같이
사람이 죽어 몸을 버리지만
그가 지은 업이 없어지지 않는 것도 그와 같다.

― 〈패경초〉

깜깜한 밤, 책을 읽다가 불을 끈다고 책 속 글자가 사라지는가? 그저 어둠에 가려 보이지 않을 뿐, 글자는 그대로 남아있다. 붓다는 그처럼 자기가 지은 업에 따른 죄와 복 또한 사라지지 않는다고 가르치신다. 마치 그림자가 그 사람에게 계속 따라붙듯 말이다.

밀물 드는 모래펄에서

육신에 집착하고 얽매이는 것을 벗어나야 한다. 또한 보고 듣는 감각과 지각, 의지와 의식의 얽매임에서도 벗어나야 한다. 그러한 애착을 끊어 버려야 괴로움에서 벗어날 수 있다.

비유하면 어린애가 흙을 모아 성을 쌓고 '이것은 내 성城'이라고 애착하다가, 성이 무너지면 제 발로 헤쳐 버리고 마는 것처럼, 자기 육신과 자기 생각의 굴레를 벗어나야, 자기로부터 진정 자유로울 수 있다.

— 〈잡아함경〉 제6

밀물 드는 모래펄 우리가 열심히 쌓아두었던
담과 집과 알 수 없는 나라 모양의
탑 쪼가리 같은 것들을 바라보면
낮의 햇볕 아래 대역사를 벌이던 조무래기들
다 즈이 집 찾아들어가 매운 솔가지 불을 피우고
밥 짓고 국 나르고 밤이 오면 잠들어야 하는
밀물 드는 가을 저녁 무렵
분주히 하루를 정리하고 있었다

— 고운기, 〈밀물 드는 가을 저녁 무렵〉에서

손으로 읽기

바람 마주하여 먼지를 떨면

만약 미움을 미움으로 대하면
그 악은 자기에게 되돌아온다.
바람을 마주하여 먼지를 떨면
먼지는 다시 자기에게로 오듯이
미움을 미움으로 대하면
그 미움은 반드시 자기가 받는다.

— 〈별역잡아함경〉 제14

비 오는 아침 들고 나갔다가 맑게 갠 저녁 돌아올 적에 고이 접어오는 우산처럼 나는 나의 하루도 그렇게 고왔나 생각한다. 알고 보면 세상은 내 이름처럼 마냥 곱게만 살 건 못 되지만, 하늘에 별이 빛나고 땅에 흙이 숨 쉬듯, 얼굴을 스치는 바람이 꿈결같이 흐르고, 아름다운 추억처럼 내일이 잡히리라 믿는다. 미움을 미움으로 대하지 않으려는 마음이다.

 손으로 읽기

온 세상이 불타오르고 있다

수행자들이여, 온 세상이 불타오르고 있다.
온 세상이 불타오르고 있다는 것은 무엇을 말하는가?
눈이 불타고 있다. 눈에 보이는 세상^色이 불타고 있다.
눈의 분별^{眼識}이 타오르고 있다.
눈이 보아서 즐거운 것이나 괴로운 것이나 모두 불타고 있다.
무엇 때문에 불타오르고 있는가?
탐욕의 불이 타오르고 있다.
분노의 불이 타오르고 있다.
어리석음의 불이 타오르고 있다.
또한 생로병사^{生老病死}의 근심 걱정과 고통의 불길이 타오르고 있다.
이처럼 귀에서도, 코에서도, 혀에서도, 몸뚱이에서도 불이 타오르고 있다. 그뿐만 아니라 마음에서도 불길이 훨훨 타오르고 있다.

— 〈잡아함경〉 제8

붓다가 1천여 명의 제자와 왕사성으로 가던 중 이름난 영산 가야시사(가야산. 국가 중요 행사 시 왕이 올라 신에게 기원한 곳)에 도착해 다시금 탐진치^{貪瞋痴}, 즉 욕심내고 성내고 어리석은 것의 삼독을 경계한 노래다.

복으로 마음 창고를 지은 사람

복은 뜨거운 불이 태우지 못하고
바람에 날아가지도 않는다.
또한 홍수가 세상을 휩쓸어 버려도
복은 떠내려가지 않는다.
나쁜 임금과 험악한 도적이
남의 재물을 억지로 빼앗을 때도
사람이 지은 복만은 훔쳐 가지 못한다.
은혜로운 마음으로 베풀어 쌓은
마음의 창고는 끝내 무너지지 않는다.
― 〈잡아함경〉 제48

《성서》에서 예수는 착한 사마리아 사람을 한껏 추켜세운다. 강도를 만나 길에 쓰러진 사람 곁을 사제, 레위 사람이 차례로 지나며 모두 외면하였는데, 오직 사마리아 사람만 제 일을 제쳐두고 극진히 보살폈기 때문이다.

사제는 요즘으로 치면 사회 지도층이고, 레위 사람 역시 중산층 이상으로 볼 수 있다. 하지만 사마리아 사람은 이방인으로 갖은 멸시와 천대를 받았다. 예수는 이 가운데 누가 진정한 이웃인가 묻는다. 붓다식으로 답한다면 사마리아 사람은 마음 창고를 '복으로 지은 이'가 아닐까.

손으로 읽기

성냄을 죽이고 얻은 것

성냄을 죽이면 편안히 잠을 잘 수 있고
성냄을 죽이면 마음에 근심 걱정이 없노라.
성냄은 깨달음의 씨앗을 해치는 독(毒)이라
세상의 모든 성현은 성냄을 죽이는 사람을 칭찬하노라.

— 〈잡아함경〉 제42

프랑스의 문학가이자 사상가인 로맹 롤랑(Romain Rolland)이 베토벤의 전기에서 쓰기를, "새들의 노래를 듣기 위하여 베토벤에게 남은 유일한 방법은 자기 자신 속에서 새들을 노래시키는 것이다."라고 하였다. 베토벤이 청력을 잃은 다음의 일이다.

베토벤은 얼마나 명정(明靜)해졌을까? 그 결과 전원은 안녕하고, 마른 몸끼리 비비는, 갈대숲에 비낀 소리 같은, 가는 햇빛이 드리우는 소리마저 느낄 수 있었을 것이다. 만약 그가 청력을 잃은 성냄을 죽이지 못했다면 오늘 우리는 그의 명곡들을 들을 수 없었을지도 모른다.

편견과 독단을 끊고

백 개의 예리한 창끝에 앉고
머리 위에서 뜨거운 불이 활활 타더라도
오직 깨달음만을 추구하는 수행자라면
부지런히 방편을 구해
지나친 편견을 끊고
'자아'라는 독단을 끊어야 하리.

— 〈별역잡아함경〉 제9

당나라로 간 신라의 혜통惠通 스님이 무외無畏 삼장三藏10의 문하로 들어가게 된 이야기—. 삼장은 혜통이 '오랑캐 땅' 출신이라며 거두지 않았다. 그럼에도 쉬이 물러나지 않고 곁에서 3년을 묵묵히 수행했건만, 삼장은 요지부동이었다. 애가 탄 혜통은 법당 뜨락 앞에 서서 스스로 머리에 화로를 이었다. 잠깐 사이에 이마가 터지는 소리가 벼락처럼 났다. 이 소리를 듣고 달려온 삼장이 화로를 치우고 손가락으로 찢어진 곳을 만지며 주문을 외니 상처는 아물었는데, 왕王 자로 보이는 상서로운 자국이 남았다. 그제야 삼장은 그를 큰 그릇으로 여겨 제자로 삼았다. 이 일로 얻은 혜통의 별명이 바로 왕화상王和尙이다.

---

10. 동인도 오다국(烏茶國) 출신. 당나라 때 중국 장안으로 와서 국사에 책봉되고 밀교 전파에 공을 세운 고승이다. 다만 혜통이 배운 무외는 이와 다른 사람일 가능성이 있다.

어리석음과 지혜의 차이

어리석은 사람에게 두 가지 특징이 있다.
어리석은 사람은 제가 할 수 있는 일은 하지 않고
반대로 자신이 할 수 없는 일을 하려고 애쓴다.

지혜로운 사람에게도 두 가지 특징이 있다.
지혜로운 사람은 할 수 없는 일은 하려 하지 않고
자기가 할 수 있는 일만을 열심히 한다.

— 〈증일아함경〉 제7

더러는 좋은 뜻으로 건넨 말이 남에게는 비수가 되어 꽂히는 일도 생긴다. 그럴 때면 본심이 아니었기에 당황스럽고, 후회도 몰려온다.

끝난 영화의 필름을 돌려 또 같은 화면이 다시 나온다 할지라도, 아무 일도 일어나지 않은 처음으로 돌아갈 수 있다면, 전설이라면 진정 꿈이라면… 차라리 좋겠다 싶을 때가 있다. 모두 후회되는 어리석은 행적 때문이다.

자기 자신을 스승으로 삼으라

비록 백만의 적을 물리친다 하더라도
홀로 자기를 눌러 이김만 못하니
자신을 이긴 자가 최후의 승리자다.
먼저 자신을 바르게 하고 다음에 남들을 가르쳐라.
먼저 자신을 옳게 할 때 비로소 훌륭한 사람이다.
자기의 마음을 스승으로 삼고
남으로 자신의 스승을 삼지 말라.
자기를 스승으로 삼는 사람이라야
진실로 지혜로운 법을 얻는다.

— 〈법집요송경〉 제2

누구나 혼자이길 좋아한다고 하지만, 이율배반二律背反이다. 우리는 무리의 자식일 뿐으로 무리 속에서 먹이를 얻고 정체성을 확인한다. 혼자인 게 좋다는 말은 얄팍한 뒤집기다.

    그러나 스스로 다짐하련다. 혼자가 좋아서 아니다. 졸 때 혼자인 것처럼, 죽을 때 혼자인 것처럼, 무소의 뿔처럼 혼자 가련다.

생선을 감싼 풀잎이 되려는가?

꾸사[11] 풀잎으로 악취 나는 생선을 묶으면,
그 잎은 썩은 냄새가 배는 것처럼
어리석은 사람과 사귀는 것도 마찬가지다.

냄새가 없는 빨라사 나뭇잎으로
따가라[12] 향을 묶어놓으면
그 잎에 좋은 향내가 배는 것처럼
현자와 사귀는 것도 마찬가지다.

— 〈Jataka(본생경, 本生經)〉

《법구비유경》의 〈쌍서품〉에서 '향을 쌌던 종이'와 '생선을 꿰었던 새끼'로 설명한, 인연을 따라 죄와 복을 부른다는 붓다의 가르침과 같은 궤이다.

---

11. 베다 희생 제사와 브라만 제사에서 사용되는 신성한 풀잎.
12. 산스크리트어로 '향기로운 뿌리'를 의미.

손으로 읽기

가까이 벗해야 할 좋은 사람이란

마땅히 착한 사람과 함께 머무르고
착한 사람을 가까이해야 한다.
착한 사람에게 가르침을 받으면
이익을 얻을지언정 악은 생기지 않는다.
지혜롭고 착한 사람을 가까이하고 가르침을 받으면
이익이나 안락과 명예를 얻으며
근심 걱정에서 벗어나 법을 즐기며 열반을 얻는다.

— 〈별역잡아함경〉 제14

바로 앞에서 말한 좋은 향내를 배게 하는 이는 누구일까? 붓다가 예로 든 '우리가 가까이 벗해야 할 좋은 사람' 중에서 매력적인 둘만 추려본다.

먼저, 객관 사물에 집착하지 않으나 속마음은 온후한 사람이다. 그리고 본인 앞에서는 바른말을 하지만 남들 앞에서는 칭찬하는 사람이다. 참으로 깊은 사람이다. 이런 사람을 곁에 가까이 두고 친구로 삼으라는 붓다의 가르침은 간절하다.

《화엄경》의 정식 이름은 《대방광불화엄경大方廣佛華嚴經》으로, 붓다가 수행을 통해 이른 깨달음을 그대로 설법한 경전이다. 법계평등法界平等의 진리를 깨닫기까지 붓다의 갖은 수행과 덕행을 찬양하고 기린다. 불교 경전의 맏형이다.

화엄경

붓다의 광명으로
장엄된 세계

그림은 그저 그림일 뿐

마치 솜씨 좋은 마술사가 여러 가지 작품을 만들어 내듯이,
중생의 업業으로 불국토는 불가사의不可思議.
화가가 채색화의 그림을 그려낸다는 것을 알듯이,
이와 마찬가지로 불국토는 마음의 화가가 그려낸다는 것을 안다.
중생의 마음이 각각 다르기 때문에 여러 가지 망상을 일으키듯이,
이와 마찬가지로 불국토도 모두 환화幻化1.

― 〈노사나불품〉

《화엄경》에서 비로자나불毘盧遮那佛은 일체 모든 것의 법신法身이자, 일체 모든 것의 화현化現2이다. 이러한 존재를 설명한 것이 〈노사나불품盧舍那佛品〉이다.

    비로자나불은 한마디로 청정한 불국토를 만든 청정한 분이다. 이와 달리 인간은 마음속에 환상으로 만들어 낸 국토에 자꾸만 현혹된다. 하지만 모두 중생의 망상일 뿐이다.

    마술사의 솜씨가 아무리 뛰어나다고 한들 그것이 실체는 아니듯 중생은 스스로 꾸며낸 마음의 환상에서 벗어나라.

....
1. 우주 만물이 환상과 같이 변화하는 것. 실체가 없는 것임에도 환술(幻術)로 마치 현재 있는 것인 양 되는 일.
2. 불보살이 중생을 교화하고 구제하려고 여러 가지 모습으로 변하여 세상에 나타남.

무간지옥에 내려온 손길

저 괴로워하는 중생이 외롭고 슬퍼하며 보호받지 못하고,
언제나 온갖 악의 구렁텅이에 빠져 있어
삼독(三毒)이 불꽃처럼 맹렬히 타며,
구원할 이도 없는 무간(無間) 속에서 밤낮으로 언제나 불에 탈 때
맹세코 그들의 고통을 들어 준다.
이것이 곧 부처님의 경계이다.

— 〈여래광명각품〉

고(故) 프란체스코 교황이 한국을 방문했을 때, 세월호에서 생때같은 자식을 잃은 부모들을 만났다. 그들은 사고 이후 무간지옥에서 밤낮없이 불에 타는 심정이었으리라. 정작 나라에서는 아랑곳없이 만나주지도 않던 그들의 손을 교황은 맞잡아 주었다. 그들의 고통을 들어 준 것이다.

부처의 광명이 무량하다는 사실을 설명하는 〈여래광명각품(如來光名覺品)〉에 나오는 구절이다. 삼독(三毒)은 탐욕, 분노, 어리석음에 집착하는 인간의 마음이다. 부처는 거기에 법(法)의 다리를 놓으시니, 부처와 교황이 한마음이다.

손으로 읽기

거칠 것 없는 사람의 길

문수여, 법이란 항상 그러하여 법왕^{法王}은 오직 한 법뿐이다.
모든 것에 걸림이 없는 사람은
오직 하나의 길^道로 생사를 벗어난다.

— 〈보살명난품〉

문수보살[3]과 다른 보살들의 문답으로 유명한 〈보살명난품^{菩薩明難品}〉에 나오는 구절로 무애^{無碍}, 즉 얽매이지 않는 자유로움을 말한다.

나의 최애^{最愛}하는 이 나라 사람은 원효 스님이다. 파란만장한 그의 생애 가운데 아마도 가장 설명하기 어려운 대목이 요석공주와의 파계일 것이다. 그러나 빛나는 것은 파계 후 그가 보인 처신이다. 승복을 벗고 대중 속으로 들어가 그들과 허물없이 함께하되, 부처를 아주 친근한 벗으로 그들 모두의 곁에 모셔 왔으니, 그 방법론이 '무애'다.

원효는 광대를 본떠 그들의 노래 속에 부처님의 말씀을 실어 부르며 같이 어울려 놀았다. 참으로 거칠 것 하나 없는 자유인의 모습이었다. 그 덕분에 농부와 초동, 심지어 원숭이까지 부처님의 이름을 알게 되었다고 하니, 놀랍지 아니한가!

---

3. 석가모니여래의 왼쪽에 있으며, 제불(諸佛)의 지혜를 맡은 보살이다. 오른쪽에 있는 보현보살과 함께 삼존불(三尊佛)을 이룬다.

오직 마음이 주인

온갖 세간의 모든 법들은
오직 마음㎡을 주인으로 삼는다.
즐거움에 따라 집착하면
모두 뒤바뀐 행동이다.

― 〈보살명난품〉

나의 최애^{最愛}하는 원효 스님의 이야기 하나 더―. 그가 중국으로 유학 가는 의상 스님을 따라나선 것은 다소 경쟁심의 발로였다. 나는 그렇게 생각한다. 그러나 남양만의 당항포에서 배를 타기 직전, 경주에서 걸어 그곳에 이르기까지 여러 밤낮을 보내며, 원효의 마음속에는 이미 깨달음의 어떤 틀이 마련되고 있었으리라. 원효는 의상에게 그런 자기 생각을 말해 준다.

"삼계^{三界}가 오직 마음이요, 모든 법이 오직 앎이니, 마음의 밖에는 법이 없는데 어찌 따로 구하리오."

원효는 거기서 미련 없이 발길을 돌렸다. 이때 그가 틀림없이 〈보살명난품〉의 위 구절을 떠올렸으리라, 나는 믿는다.

손으로 읽기

한눈팔지 말고, 부지런히

만일 한량없는 허물을 끊어 없애려고 한다면,
언제나 끊임없이 용맹하게 정진해 나가야 한다.
비유하면 나무를 비벼서 불을 일으킬 때
불이 일기도 전에 자주 쉰다면 불기운도 그에 따라서 없어지는 것처럼,
게으른 사람은 그렇게 된다.

— 〈보살명난품〉

《삼국유사》에 나오는 이야기이다. 신라 때 경상도 창원 백월산에 내려오는 전설의 주인공 노힐부득努肹夫得. 그가 작은 암자에서 근실하게 수행하던 어느 날 밤, 산중에서 길을 잃었다며 한 여인이 찾아들었다. 처지를 딱하게 여겨 어쩔 수 없이 여인을 암자로 들였지만, 이후 노힐은 "밤 깊도록 맑은 마음을 지키며, 등잔불 아래 벽을 바라보고, 다른 날보다 부지런히 염불을 외웠다."고 한다.

가히 용맹정진勇猛精進의 본보기다. 무엇보다 부지런히 한눈팔지 않는 것이 중요하다. 붓다는 유명遺命으로 '무소의 뿔처럼'이라 하지 않았던가. 서로 통하는 말이다.

맑고 깨끗하게 사는 법

보살이 가정에 있게 되면,
중생은 그 집의 어려움을 떠나 공空한 법 가운데 들어가기를
마땅히 원해야 한다.
부모를 효성으로 섬기게 되면,
중생은 모든 것을 잘 보호해 영원히 큰 안락을 누리기를
마땅히 원해야 한다.
처녀가 한곳에 모이게 되면,
중생은 애욕의 지옥을 떠나 연모하는 마음이 없기를
마땅히 원해야 한다.

— 〈정행품〉

몸과 입과 뜻으로 짓는 업業을 삼업三業이라 한다. 문수보살은 이를 순화하여 청정하게 사는 방법을 가르쳤다. 〈정행품淨行品〉에 나오는 이른바 140개의 서원誓願이다.

일상은 비록 번뇌로 더럽혀질지라도 서원대로 살기를 노력한다면 누구나 청정해질 수 있다. 위는 맑고 깨끗한 삶으로 나아가기 위한 맹세를 담은 첫 서원이다.

손으로 읽기

도의 근본, 공덕의 어머니

믿음은 도^道의 근본, 공덕의 어머니.
일체의 모든 선한 법을 증장^{增長}시키고 온갖 의혹을 모두 없애어
위 없는 도를 열어 보인다.

— 〈현수보살품〉

얼굴에 성난 표정을 짓지 않는 것은 공양의 도구이며, 입으로 욕설을 하지 아니하고 묘한 향기만 뱉어내며, 마음으로 화를 내지 않는다면 이것이 진짜 보석이네. 물들지 않고 집착하지 않으면 이것이 곧 진여^{眞如}⁴라네.

— 《광청량전^{廣清凉傳}》에서

---

4. 사물의 있는 그대로의 모습이라는 뜻으로, 우주 만유의 본체인 평등하고 차별이 없는 절대의 진리를 이른다.

믿음이 그곳에 이르게 하리라

믿음은 온갖 더러운 집착을 버리고,
믿음은 미묘하고도 깊고 깊은 법을 알며,
믿음은 갈수록 뛰어난 온갖 선^{善}을 이루어,
끝내는 반드시 부처님이 계신 곳에 이르게 한다.

— 〈현수보살품〉

붓다는 사람이 겪는 온갖 고통의 근원을 집착으로 보았다. 따라서 도에 이르려면 집착을 소멸시켜야 한다. 이른바 사성체^{四聖諦} 곧 고^{苦}, 집^{集}, 멸^{滅}, 도^{道}의 원리이다. 나아가 모든 법에 집착하지 않으면 청정하고 깊은 마음을 얻으리라 말한다. 거기에 이르는 길잡이가 바로 믿음이다. 그리하여 앞에서 믿음을 도의 근본, 공덕의 어머니라 하지 않았는가.

진실을 가리는 가장 큰 걸림돌

한량없고 셀 수 없는 겁 동안 언제나 부처를 본다 해도,
이 바른 법의 진실을 보지 못한다.
망령된 생각으로 모든 법을 취하면,
어리석음의 그물만 자꾸 자라서 생사의 와중에 윤회한다.
눈이 어두워 부처를 보지 못하는 자여.

— 〈보살운집묘승전상설게품〉

붓다가 묘승전妙勝殿에 구름처럼 모여든 보살들에게 하신 설법이다. 진실을 가리는 가장 큰 걸림돌은 망령된 생각을 갖는 것이다. 아무리 수행해 본들 망령된 생각 앞에 장사 없다. 망령에 사로잡히면 설령 부처를 만났다 해도, 말과 행동은 엉뚱한 데서 따로 논다. 윤회를 끊어 해탈하자고 수행하는데, 어리석음이라는 그물이 내 몸을 자꾸 옥죄니 도무지 빠져나갈 수 없을밖에.

손으로 읽기

꿈 같은, 메아리 같은

일체의 모든 법은 요술과 같고 꿈과 같으며,
번개와 같고 메아리와 같으며,
허깨비와 같음을 관찰해야 한다.
일체의 모든 법은 자성自性이 없기 때문이다.

— 〈범행품〉

나는 학문에 뜻을 두고 그것이 인생의 전부인 양 살았다. 뜻을 둔 학문이란 무슨 큰돈이 되는 것도, 큰 벼슬을 할 수 있는 것도 아니었다. 다만 그 자체로 마냥 좋았다.

부모는 동생에게 맡기고, 자식은 아내에게 맡겼다. 그토록 평생 매진했건만 이루기로는 초라했다. 그제야 때때로 어리석은 후회가 찾아오곤 했다. 그 시간에 차라리 부모에게 좀 더 잘하고, 좀 더 자식 잘 키웠어야 했는데…. 그러나 아무리 후회한들 무엇 하나 되돌릴 순 없다.

모든 인연의 결과로 그저 지금의 내가 있을 뿐.

청정한 허공과도 같은 보리심

보리심은 한량없이 크고 넓은 청정한 법계와 같고,
집착도 없고 의지하는 곳도 없으며,
물듦도 없어 마치 허공과 같네.

— 〈초발심보살공덕품〉

집착을 버리지 않으면 결코 닿을 수 없는 화엄의 극진한 경지를 노래한다. 하지만 우리 인간은 안 해도 될 집착까지 기어코 만들어 내지 않은가.

떠도는 자의 노스탤지어를 담은 정태춘의 노래 〈서해에서〉는 우리 마음의 정곡^{正鵠}을 찌른다. 나그네는 또 다른 나루에서 육지 소식을 그리워한다. 떠도는 자가 떠도는 곳을 그리워할 리 없다. 그러나 스스로 떠났으면서도 굳이 떠난 곳을 그리워하며 집착하는 것이 인지상정^{人之常情}.

우리가 배워야 할 것들

탐욕이 많은 이에게는 부정관不淨觀을 가르치고,
분노가 많은 이에게는 대자관大慈觀을 가르치고,
어리석음이 많은 이에게는 모든 법을 분별하도록 가르치고,
삼독三毒을 고루 가진 이에게는 훌륭한 지혜를 갖출 법문을 가르치며,
생사生死를 원하는 이에게는 세 가지 고통을 가르치고,
모든 존재에 집착하는 이에게는 공空의 법문을 가르치고,
게으른 이에게는 정진하도록 가르치고,
아만我慢이 많은 이에게는 평등관을 가르치고,
마음이 삐뚤어진 이에게는
보살의 마음은 고요하여 아무것도 없음을 가르친다.

— 〈명법품〉

속세의 어떤 것이든 영원하지 않다. 세월이 가면 아름다운 여인도 늙으며, 죽고 나면 썩을 시신에 지나지 않는다. 그런 백골을 가지려 애쓰는 욕망은 누구에게도 없다고 가르치는 것이 바로 부정관不淨觀이다.

아만我慢은 저 자신만 알고, 저 자신만 잘난 척하는 것이다. 안 된다, 평등하라! 〈명법품明法品〉은 이토록 쉽게 중생을 가르친다.

손으로 읽기

마음은 능숙한 화가

마음은 능숙한 화가와 같아서 갖가지 오음五陰을 그려내
그러므로 이 세계 가운데서 무엇이고 짓지 못하는 법이 없다.
마음과 같이 부처님도 그러하며
부처님과 같이 중생도 또한 그러하여,
마음과 부처와 중생, 이 셋은 똑같아서 차별이 없다.
모든 것은 다 마음 따라 변하는 줄을 모든 부처님은 잘 아신다.
— 〈야마천궁보살설게품〉

'능숙한 화가'인 '마음'은 그리지 못하는 것이 없다. 결론은 마음이 곧 부처이니, 마음이 가는 바를 잘 지켜야 한다는 것. 여래림如來林보살이 부르는 이 노래는 마음의 진리를 읊은 게송인 유심게唯心偈다. 야마천5 궁夜摩天宮에는 열 분의 부처와 열 분의 보살이 앉아 있는데, 아홉 번째가 바로 여래림보살이다. 이름에 수풀 림林6자가 들어가기도 하거니와, 나무처럼 듬직하다.

---

5. 육욕천의 셋째 하늘. 밤낮의 구분이 없고 시간에 따라 여러 가지의 환락(歡樂)을 누리는 곳.
6. 공덕림, 혜림, 승림, 무외림, 참괴림, 정진림, 역성취림, 견고림, 여래림, 지림. 열 분 보살 모두의 이름에는 '수풀 림(林)자'가 들어간다.

진흙탕에 물들지 않는 연꽃처럼

만일 조속히 여러 가지 번뇌를 끊을 수 있다면
곧 진여(眞如)의 성품을 깨달을 수 있다.
그러면 고통의 바닷속에 있으면서도 항상 즐거우니,
마치 연꽃이 진흙탕에 물들지 않는 것과 같다.
마음은 청정하게 되어 애욕의 강을 벗어나
조속히 보리(菩提)의 과보(果報)를 증득(證得)하리라.

— 〈야마천궁보살설게품〉

문수보살이 부르는 이 노래만큼 《화엄경》에서 유명한 구절이 또 있을까. '연꽃이 진흙탕에 물들지 않는 것'이라니, 이 노래만 수천 번 불러도 아깝지 않다. 결코 물들지 않는 연꽃처럼 번뇌와 애욕을 벗어나 진여(眞如)의 청정한 세계에 다가서는 듯하다. 비록 싼 입을 가벼이 놀려 진흙탕에 다시 처박힐지라도.

손으로 읽기

붓다도 없고 세계도 없다

법신은 있는 곳이 없지만 시방세계十方世界에 가득하니,
허공이 그 한계가 없는 것처럼
부처의 몸은 헤아리기 어렵다.

중생은 모두 허망하기 때문에 부처라 세계라 분별하지만,
진실한 법을 깨달으면
부처도 없거니와 세계도 없다.

— 〈도솔천궁보살운집찬불품〉

보살 열 분이 중창단을 만들었다. 부처님을 참배하고 공양하려는 뜻을 노래에 담았는데, 그중 두 편을 골랐다. 위는 보당보살이 부처님의 무량함을, 아래는 진실당보살이 중생을 격려하는 노래다. 일연一然은 《삼국유사》에서 꿈을 꾸고 진리를 깨우친 조신調信 스님의 이야기를 쓰고, 이렇게 마무리한다.

"이제 모든 사람이 세상의 즐거움만 알아서 흥청거리기도 하고 뭔가 해보려고도 하는데, 이는 특별한 깨달음이 없기 때문이다."

그렇다, 깨달음을 얻으면 붓다도 없고 세계도 없다.

우리는 왜 고통 속을 달리는가?

중생은 언제나 애욕의 그물에 휘감기고 무명에 덮이고,
생존에 대한 사랑에 집착하기 때문에
스스로 심부름꾼이 되어 자재自在함을 얻지 못한다.
그리하여 괴로운 지옥에 얽매여서 온갖 악마의 업을 따르고,
모든 부처님에 대해 의혹을 내므로 출세간出世間의 도를 얻지 못하며,
안온한 곳을 보지 못하여
언제나 무량한 생사의 광야를 달리면서 한량없는 고통을 받는다.

— 〈금강당보살회향품〉

우리는 늘 이런 상황이다. 마음으로 입으로는 청정과 해탈을 외치지만, 몸은 애욕에 집착하여 살아가는 일상의 도구이다. 때론 진심으로 청정과 해탈에 이르려는 마음이 있기는 한지 헷갈릴 만큼.

아무튼 우리 내면에는 참으로 교묘한 이중회로가 있으니, 청정을 외치는 회로와 애욕을 따르는 회로이다. 이 노래는 후자의 회로가 어떻게 돌아가고 있는지 그 상황을 여실히 보여준다.

손으로 읽기

나부터 선을 행한 다음에

만일 어떤 사람이 자신은 선(善)을 행하지 않고,
남을 위해 법을 설하고 선(善)에 머물게 하려고 한다면,
이러한 일은 있을 수 없다.

— 〈십지품〉

보살 수행의 경지를 열 단계로 설명한 〈십지품(十地品)〉[7]은 《화엄경》 가운데서도 한가운데 선다. 십지품 중 두 번째인 이구지(離垢地)는 스스로 번뇌의 더러운 때를 버리는 단계다. 치밀하게 구성되어 있지만, 뜻밖에도 그 참된 정신은 간단하다. 바로 자신이 솔선수범하는 것이다.

....
7. 보살 수행 단계의 10가지 지위. 첫 번째 환희지(歡喜地), 두 번째 이구지(離垢地)에 이어 발광지, 염혜지, 난승지, 현전지, 원행지, 부동지, 선혜지, 법운지로 이어진다. 단계를 나아갈 때마다 보살의 지혜와 자비가 깊어진다.

마음에서 만드는 허깨비

일체의 모든 것은 마음에서 만들어지며,
나타나 보이는 것도 환영幻影과 같아 허망하여 진실이 아니니,
모든 존재는 다 환영과 같다.
비유하면 교묘한 요술쟁이가 네거리에서 온갖 형상을 나타낼 때,
중생은 그것을 보고 기뻐하지만
실제로는 아무것도 없는 것과 같다.

— 〈십인품〉

연암燕巖 박지원朴趾源의 《열하일기》에 나오는 이야기—. 그가 북경北京에 가서 가장 놀라며 구경한 것은 요술쟁이였다. 실에 묶인 바늘을 하나하나 입으로 삼킨 요술쟁이가 손으로 실을 도로 잡아당겼다. 그러자 뱃속으로 들어갔던 바늘이 생생히 빠져나오는 게 아닌가? 구경꾼은 신기하여 손뼉을 치며 환호했지만, 그저 눈속임일 뿐, 실제로는 아무것도 아니었다.

꿈 같은, 번개 같은

모든 세계는 꿈과 같고 요술과 같음을 깊이 깨달으며,
일체 중생 세계는 모두 번개와 같음을 환히 안다.

중생과 세계와 겁劫과 모든 부처님 및 부처님 법이 허깨비 같으니,
법계에는 두 가지가 없다.

— 〈보현보살행품〉

보현보살은 덕이 두루 가득하여[보普] 선한 실천[현賢]을 하는 분이다. 덕을 실천하자면 여러 방편이 있으나 큰 지혜행이 으뜸이다. 즉 지혜를 바탕으로 올바른 행동을 해야 한다.

다만 지혜는 지식이 아니라 깊은 성찰을 통해서만 얻어지는 통찰력이다. 재산이나 권력은 밖에서 주어지지 않으면 얻기 어렵다. 하나 지혜로움은 남이 주는 것이 아니라 스스로 얻는 깨달음의 선물이다.

손으로 읽기

물은 한 가지 맛이지만

비유하면 물의 성품같이 모두 한 가지 맛이지만,
그릇에 따라 다르기 때문에 맛에 차별이 있습니다.
그러나 물은 "나는 여러 가지 맛을 낸다."는 생각이 없습니다.

— 〈보왕여래성기품〉

우리는 물고기를 잡아먹지만 더러 어떤 이는 물고기의 물고기를 먹고, 우리의 입과 배와 창자는 물고기를 해체시키지만 더러 어떤 이는 입에서 배와 창자로 맑은 물살을 흘려보내, 거기 다시 살아 헤엄쳐 가는 물고기의 한 자락 꿈을 꾸지.

— 고운기, 〈내 물고기 절에서 만난 사람〉 부분

손으로 읽기

내가 참는 까닭

만일 누가 꾸짖고 욕하더라도 모두 잘 참고 인내하니,
그의 마음을 아끼기 때문이네.

만약 누가 칼이나 막대기로 해치더라도 잘 인내하니,
그와 나를 다 아끼기 때문이네.

번뇌와 어리석음이 중생의 눈을 가려 모두 장님이 되어 있다.
이제 나의 지혜가 자재로워지면
마땅히 널리 중생을 깨우쳐 지혜의 눈을 뜨고 청정해지도록 하리.

― 〈이세간품〉

《화엄경》에 푹 빠진 중국의 한 승려가 그 깊고 오묘한 뜻을 깨치려고, 문수보살의 성지 오대산 산봉우리를 돌며 1년간 독송^{讀誦}하였다. 어느덧 발에는 피가 나고 살이 찢겨 뼈가 드러났다. 제 몸은 전혀 돌보지 않는 용맹정진이었다. 그 모습을 지켜본 벗이 '돌지만 말고 진수^{眞髓}를 사유^{思惟}해 보라'고 권했다. 이에 《화엄경》을 펼치자 큰 깨달음이 왔다. 5세기 후반, 《화엄경》 최대 저작 가운데 하나인 영변^{靈辯}의 《화엄론》이 세상에 나온 경위이다. 위는 그가 특히 아끼던 〈이세간품^{離世間品}〉의 명구절이다.

손으로 읽기

세상에서 어려운 일

사람의 몸을 얻기 어렵고 모든 고난을 떠나기 어려우며,
아무런 고난도 없기 어렵고 깨끗한 법을 얻기도 어려우며,
부처님 세상을 만나기 어렵고 모든 선근을 갖추기 어려우며,
부처님의 법을 듣기 어렵고 선지식을 만나기 어려우며,
선지식과 함께 살기 어렵고 바른 가르침을 듣기 어려우며,
바른 생활을 하기 어렵고 바른 법을 따라가기 어렵다.

— 〈입법계품〉

방대한 《화엄경》 중 가장 널리 알려진 이야기는 역시 선재동자의 구도^{求道} 여행이 담긴 〈입법계품^{入法界品}〉이다. 동자가 보리심^{菩提心}❽을 내, 문수보살에서 보현보살까지, 53명의 선지식^{善知識}❾을 만나 가르침을 받고, 드디어 깨달음에 이르는 과정—.

너무나 유명하여 《화엄경》은 이것이 전부인 줄 아는 이마저 있을 정도다. 위는 뜨거운 불길 위에서 고행하는 선지식 승렬바라문^{勝熱婆羅門}의 가르침이다.

....
8. 불도의 깨달음을 얻고 그 깨달음으로써 널리 중생을 교화하려는 마음.
9. 지혜와 덕망이 있고 수행자에게 바른 도리를 가르치는 이.

삼독三毒의 해법

> 탐욕이 많은 사람에게는 부정관不淨觀을 가르치고,
> 성냄이 많은 사람에게는 자심관慈心觀을 가르치며,
> 어리석음이 많은 사람에게는 법상관法相觀을 가르치네.
>
> ─ 〈입법계품〉

《유마경》은 주인공 유마를 내세워 일상에서 해탈의 경지를 체득해야 한다고 가르치는 경전이다. 이 중 〈문질품問疾品〉에서 병이 생기는 원인은 '나에게 집착하기 때문'이라고 하였다. 번뇌로 인해 마음의 병에 이른다고 본 것이다.

그렇다면 마음의 병은 어떻게 다스려야 하는가? 《화엄경》은 위와 같이 해답을 내놓는다. 선재동자에게 모든 복덕이 마음먹기에 따라 이루어짐을 알려준 선지식 감로정장자甘露頂長者의 가르침이기도 하다. 부정관은 욕심의 더러움을 깨달아 탐욕을 없애는 것이요, 자심관은 증오하는 이에게도 자비를 행하는 것이요, 법상관이란 법의 모습을 바르게 관찰하는 것이다.

앞에서 소개한 〈명법품〉에도 같은 내용[10]이 들어 있을 만큼 중요시된다. 삼독을 극복하는 것이야말로 불교 수행의 핵심이다.

---
10. 명법품은 70쪽을 참조한다.

선한 뿌리를 키우는 복의 밭

나는 몸과 입과 뜻으로,
심지어 개미 새끼에 이르기까지도 해치려는 마음을 내지 않거늘,
하물며 사람에게 있어서랴.
사람은 바로 복의 밭으로서 온갖 선근善根을 기른다.

― 〈입법계품〉

끝없는 탐욕을 역이용해 보살행을 완성한 선지식 만족왕滿足王에게서 선재동자가 받은 가르침이다. 모름지기 사람은 선한 뿌리를 키우는 복의 밭이 되어야 한다. 한편《성서》에서 예수는 이렇게 말한다.

"공중의 새를 보아라. 씨를 뿌리지도 않고, 거두지도 않고, 곳간에 모아들이지도 않으나, 너희의 하늘 아버지께서 그것들을 먹이신다. 너희는 새보다 귀하지 아니하냐?"(마태복음 6:26~27)

손으로 읽기

물 · 불 · 바람

모든 보살의 물은 번뇌의 불을 끄고,
모든 보살의 불은 일체중생의 탐애를 다 태우며,
모든 보살의 바람은 일체중생의 집착하는 마음을 다 흩어 버리고,
보살의 금강^{金剛}은 일체 '나'라는 생각을 없애 버린다.

— 〈입법계품〉

위는 선재동자가 선지식 바라파제성의 대왕천^{大王天}에게 받은 법문이다. 선재동자에게 보살운망^{菩薩雲網}11 해탈^{解脫}의 경지를 알려주었다.

옳게 번뇌와 탐애와 집착을 버리지 못할 바에는 차라리 돌아서는 게 좋다. 궁색한 저편에 한 발을 묻고 미련에 사무치는 가슴이 얼마나 가여운가. 어차피 시절이 지나면 꽃은 지고 바람은 흘러 어디로 갔는지 모르는 것이다.

----
11. 보살이 중생을 구제하기 위해 마치 구름(雲)과 그물(網)처럼 펼치는 다양한 방편을 의미함.

《법구경》은 담마파다^{Dhammapada}, 곧 진리의 말씀이다. 오늘날 가장 널리 읽히는 불경으로 붓다가 생전 남기신 말씀을 시로 엮은 책이다. 인도 사람 법구^{法救}가 편찬했다. 불교 수행자가 지녀야 할 덕목을 423개의 시로 전한다.

법구경

시로 읊은
불멸의 가르침

마음이 '비롯'이요, '으뜸'이니

마음에서 비롯하고 마음이 으뜸이니
마음으로부터 모두가 이루어진다.
사람이 삿된 마음으로 이야기하고 행하면
그로부터 고뇌가 따른다,
수레가 소의 발자취를 따르듯이.

— 〈쌍서품〉 1

《법구경》의 첫 노래는 한문본의 저 유명한 번역 '심존심사^{心尊心使}'로 널리 알려졌다. 마음이 주인이요, 마음이 시킨다.

영국 시인 윌리엄 어니스트 헨리^{William Ernest Henley}는 〈굴하지 않는 영혼〉에서 이렇게 노래한다.

나는 내 운명의 주인
나는 내 영혼의 선장

인생의 주인이 되고 선장이 되는 사람은 이미 잘 알고 있다. 만사가 마음에서 비롯하며, 마음이 으뜸인 것을 말이다.

손으로 읽기

잘 엮어진 지붕에 비가 새지 않듯이

성글게 엮어진 지붕에 비가 새듯이
잘 닦이지 않은 마음엔 탐욕이 스민다.

잘 엮어진 지붕에 비가 새지 않듯이
잘 닦아진 마음엔 탐욕이 들지 못한다.

— 〈쌍서품〉 13

일가를 이끄는 사내는
흰 남방에 검은 바지를 입었다
비 오는 논둑길 마을은 먼데
지아비를 따르는 식솔에게
차라리 우산은 바람에 날리기만 하고
저 사내의 좁은 어깨가
일가의 비받이.

— 고운기, 〈비받이〉

지켜진 마음이 가져오는 것

보기 어렵고 지극히 미묘하여
욕심에 따라 움직이는 마음을
현명한 사람은 잘 지켜야 한다.
지켜진 마음은 안락을 가져오리라.

— 〈심의품〉 36

공생애^{公生涯}란 말 그대로 공적인 생애다. 예컨대 민중을 위해 세상에 나섰던 예수의 마지막 생애 3년처럼. 이런 공생애를 실천하려면 마음을 참 굳세게 다잡아야 한다. 그러나 우리는 굳센 마음 차분히 키우려 애쓰지는 못할망정, 술 한 잔에 코 박고 세상일 근심조차 싫어지니, 그런 생애는 우리를 자꾸만 쓸데없는 걱정에 빠트린다.

고작 머리카락 떨어져 대머리 될 걱정이나 하는 공생애 아닌 꽁생애.

손으로 읽기

함부로 죽이지 말라

모든 생명은 폭력을 두려워한다.

모든 생명은 죽음을 두려워한다.

이를 깊이 알아서

죄 없는 생명을 함부로 죽이거나

죽이게 하지 말라.

— 〈도장품〉 129

신라의 원광圓光 스님은 '죽이지 말라'는 불교 계율을 가장 명징하게 설명해 준다. 바로 때를 가리고 대상을 가리라는 것이다. 먼저 때란 육재일六齋日[1]과 봄과 여름이라 했고, 대상이란 기르는 동물이나 자잘한 동물이라 했다. 하나 전혀 안 죽일 순 없는 노릇이 아닌가. 그렇다고 해도 꼭 필요한 만큼만 하고, 너무 많이 죽이지 말라고 했다.

심지어 이는 어디까지나 동물에 국한한 것. 죄 없는 생명으로 가면 더욱 엄정해진다. 마음에 새기듯 한 자 한 자 써보라.

....
1. 불교에서 한 달 중 몸을 조심하고 마음을 깨끗이 하여 재계(齋戒)하는 여섯 날, 즉 음력 8·14·15·23·29·30일. 이날 사천왕이 천하를 돌아다니며 사람의 선악을 살핀다고 한다.

손으로 읽기

눈먼 어미를 두고 온 코끼리의 마음

눈먼 어미를 두고 온 다나빨라 코끼리는
그 누구도 길들일 수 없네.
사로잡힌 뒤에도 극심한 고통 속에서
일체 음식을 먹지 않고
숲속에 두고 온 어미만을 그리워했네.

― 〈상유품〉 324

다나빨라는 숲에서 잡혀 온 코끼리다. 다른 야생 코끼리는 조련사가 훈련시키면 금세 유순해졌건만, 다나빨라는 도무지 길들일 수 없었다. 노련한 조련사가 붙어서 갖은 수단을 다 써도 소용없었다. 심지어 조련사가 주는 음식마저 거부하며 아무것도 먹으려 하지 않았다.

왜 그랬을까? 그 까닭을 알아보려 조련사는 다나빨라가 살던 숲으로 가 보았다. 그곳에는 홀로 남은 다나빨라의 늙고 눈먼 어미가 굶주리고 있었다. 다나빨라는 그 어미가 못내 걱정되어 돌아가고 싶었던 것이다.

하물며 인정人情이 어찌 이와 다르겠는가?

부끄러움을 아는, 깨어있는 사람

이 세상에 이런 사람은 드물다.
불건전한 행위로부터 자신을 억제하고
부끄러움을 아는 사람—.
좋은 말에게 채찍을 가할 필요가 없듯이
스스로 깨어있는 사람—.

— 〈도장품〉 143

이 노래는 바른 노력의 핵심을 추린 것이다. 붓다는 '막고, 버리고, 증가시키고, 유지하는 것'을 '바른 노력'이라 말했다.

  아직 생기지 않은 불건전한 마음과 아직 행하지 아니한 불건전한 말과 행위는 미리 막으려고 노력한다. 이미 생긴 불건전한 마음과 이미 행한 불건전한 말과 행위는 버리려고 노력한다. 또한 아직 생기지 않은 건전한 마음과 아직 행하지 않은 건전한 말과 행위는 생기도록 노력한다. 이미 생긴 건전한 마음과 이미 행한 건전한 말과 행위는 계속 더 자라도록 노력한다. 이런 것이 바른 노력이다.

손으로 읽기

> ## 고정관념이여 욕망이여
>
> 이 몸은 살과 피로 뒤덮여 있는
> 뼈로 쌓아 올린 하나의 성곽,
> 그 안에는 자만과 위선,
> 늙음과 죽음이 함께 머물고 있네.
>
> — 〈노모품〉 150

시인 장철문은 썼다.

"우리의 생명 현상이나 행위 하나하나를 엄밀하게 관찰해 보면 여러 가지 요소들이 서로 의존하여 끊임없이 일어나고 사라지는 과정이다. 이것이 바로 붓다가 가르치는 세계관이다. 보고 느끼고 생각하고 인식하는 행위는 서로 톱니바퀴처럼 맞물려서 일어났다가는 곧 사라진다. 그 과정이 매우 빠르게 진행되기 때문에, 그리고 여러 가지 고정관념과 욕망 때문에 제대로 볼 수 없을 뿐인 것이다."

톱니바퀴처럼 맞물린 이런 마음의 끝을 잡아줄 구절이 위의 노래 속에 있다. 고정관념과 욕망의 해소다.

손으로 읽기

짧은 쾌락 기나긴 고통

비록 황금이 소낙비처럼 쏟아진다 해도
감각적 욕망을 만족시키지는 못한다.
지혜로운 사람은
그것이 짧은 쾌락을 가져올 뿐이면서
곧 엄청난 고통을 불러온다는 것을 잘 안다.

— 〈불타품〉 186

감각적 쾌락을 넘어서는 것이야말로 수행의 첫걸음이다. 쾌락은 한마디로 욕망이다. 욕망에 갈망하고 집착할수록 커지는 괴로움이여!

특히 여섯 가지 감각, 즉 시각, 청각, 후각, 미각, 촉각, 지각을 통해 일어나는 감각적 쾌락은 충족되지 않을 때 엄청난 고통이 따른다. 탐닉은 늘 아름답고 좋고 향기로운 탈을 쓰고 일어나지만, 실상 괴로움의 원인이자 올바른 인식의 방해꾼일 뿐이다.

물거품과 같은 생애여

이 몸이 물거품과 같고
아지랑이와 같음을 아는 사람은
감각적 쾌락의 꽃 화살을 꺾어 버리고
죽음의 손아귀에서 벗어나 자신의 길을 가리라.

— 〈회향품〉 46

수행자의 깨달음에 관한 노래다. 한 수행자가 폭포 앞에 섰다. 그는 물줄기가 떨어져 흰 물거품을 일으키는 것을 물끄러미 바라보았다. 바위에 부딪힌 물은 물거품이 되었다가 이내 사라지곤 하였다. 그는 곧 그것을 수행 주제로 하여 좌선했다.

"인간 존재도 생겨났다가는 이내 사라지는 것이다. 태어난다는 것은 물거품이 일어나는 것과 같고, 죽는다는 것은 물거품이 사라지는 것과 같다."

손으로 읽기

내 슬픔은 어디에서 오는가?

잠 못 드는 자에게 밤은 길고
지친 나그네에게 길은 멀다.
참된 진리를 모르는 어리석은 자에게
생사生死의 길은 너무나 길고 고통스럽다.

— 〈우암품〉 60

신경림 시인이 노래한 〈갈대〉는 절창絶唱의 절창이다. '속으로 조용히 울고' 있는 갈대가 눈에 들어온 시인은 '그의 온몸이 흔들리고 있는 것'을 알았다. 깊은 밤, 흔들리는 갈대의 몸은 무엇인가?

바람도 달빛도 아닌 것.
갈대는 저를 흔드는 것이 제 조용한 울음인 것을
까맣게 몰랐다.

갈대는 곧 시인 자신이다. 슬픔은 남에게서 오지 않는다. '조용히 울고 있는' 자기 자신에게서 생긴 것이다.

국경을 수비하듯 마음을 지키라

국경 마을의 안팎을 물샐틈없이 수비하듯
그대의 마음을 잘 지켜라.
한순간도 방심하지 마라.
한순간을 놓치는 바로 그때
지옥의 문턱에 들어서게 되리라.

― 〈지옥품〉 315

붓다의 제자들이 안거(安居)[2]에 들어간 마을에 도둑이 들었다. 두려움에 휩싸인 사람들이 마을을 버리고 떠나니 수행에 어려움이 많았다.

얼마 후 마을 사람들이 돌아왔다. 하지만 이제 그들은 도둑을 지킬 성곽을 쌓느라 여념이 없었다. 역시 수행에 어려움이 따랐다. 겨우 안거를 마치고 돌아온 제자들에게 붓다는 말했다.

"안일하고 노력하지 않으면 언제나 어려움이 따르기 마련이다. 마을 사람들이 도둑으로부터 마을을 지키듯이, 그대들 또한 탐욕과 분노와 어리석음으로부터 자신의 마음을 잘 지키고 보호하라."

2. 출가한 승려가 일정한 기간 동안 외출하지 않고 한곳에 머무르면서 수행하는 제도.

손으로 읽기

늪에서 빠져나온 코끼리처럼

기쁘게 마음을 집중하여 알아차려라.
자기 마음을 지키고 보호하라.
늪에 빠진 코끼리가 스스로 빠져나오듯
번뇌의 늪에서 스스로 빠져나오라.

— 〈상유품〉 327

용맹스러운 코끼리 한 마리가 늪에 빠졌다. 조련사가 나서서 코끼리를 돕고 싶었지만, 자신의 힘으로는 도무지 끄집어낼 수 없다는 것을 알았다. 그래서 조련사는 왕실 군악대에 도움을 요청하였고, 군악대는 힘차고 씩씩한 군악을 연주하였다.

군악이 울려 퍼지자 코끼리는 자신이 마치 전쟁터 한가운데 있는 듯 정신이 번쩍 들었다. 코끼리는 혼신의 힘을 다해 스스로 늪을 헤치고 나와 기슭으로 훌쩍 뛰어올랐다. 우리가 번뇌의 늪에서 빠져나올 방법도 마찬가지로 우리 스스로에게 달렸다.

손으로 읽기

자신을 구원할 이는 오직

자신을 구원할 사람은 자기 자신밖에 없다.
다른 사람이 어떻게 구원할 수 있겠는가.
자신을 완전히 길들인 사람만이
자신을 구원할 수 있나니,
그것은 쉽게 얻을 수 있는 것이 아니다.

— 〈기신품〉 160

겨울이 깊기로는 추운 한밤의 소주 한 잔이다
아무도 따를 수 없는 나와의 독작(獨酌)
강물 위로 나는 어린 갈매기 한 마리 보고 온 밤이면 더 그렇다
홀로 깊어지고 있을 계절 같은 그대여
밤하늘로 띄우는 안부가 봄 오기 전 닿으려나 행여 한다.

— 고운기, 〈겨울 안부〉

승리도 패배도 모두 넘어

승리는 원한을 부르고
패배는 고통을 낳는다.
마음의 고요와 평정을 얻은 사람은
승리와 패배를 넘어 행복하게 산다.

— 〈안락품〉 201

일찍이 붓다는 제자들에게 이렇게 말했다.

"남을 굴복시킨 자에게는 증오와 원망이 뒤따르고, 남에게 굴복당한 자에게는 절망과 고통이 뒤따른다."

그렇다. 이긴 자에게는 진 자의 원망이, 진 자는 그 자체로 고통 속에 빠지게 된다. 우리의 과제는 그 사이를 뚫고 올라서는 일이다. 승리와 패배는 늘 따르는 법, 그 뒤에 오는 내 마음의 결론이 중요하다.

집착할수록 걷잡을 수 없는

욕망보다 더 뜨거운 불길

증오보다 더 질긴 밧줄

어리석음보다 더 단단한 그물

탐욕보다 더 세차게 흐르는 강물

— 〈진구품〉 251

서꺼리재 징광 할머니는 송광사 벌교 포교당 오는 날
하얀 모시옷 어린 마음이 이적지 부시다

모시처럼 흰 머리카락 뚜벅뚜벅 박히는데
성읍 마을에 민박을 들어
툇마루 한 귀퉁이 오래도록 앉아
질긴 장마 끝의 밤비도 마음이 부시다

— 고운기, 〈죄 많은 밤비〉에서

소 떼가 들판으로 가면

마치 소치는 사람이 채찍을 가지고
소 떼를 들판으로 내몰고 가듯
늙음과 죽음은
우리의 생명을 쉬지 않고 몰고 간다.

— 〈도장품〉 135

어차피 목숨이란 유한한 것. 욕심부리지 않으면, 한 걸음 한 걸음 뚜벅뚜벅 걸어 도달할 곳은 자명하니, 차라리 마음 편히 받아들일 일이다.

  소 떼가 들판으로 가면 풀을 뜯을 수 있지 않은가. 그렇게 주어진 생애를 누리다 마치면 되는 일이다. 욕심부리지 않으면 얼마나 편한 결말인가?

손으로 읽기

단 하루를 살아도

참된 진리를 알지 못하고
백 년을 사는 것보다
참된 진리를 알고
하루를 사는 것이 훨씬 낫다.

— 〈술천품〉 114

공자는 일찍이 말했다.

"어느 날 아침 '가야만 하는 도道'를 가르쳐 주는 계시를 들었다면 그날 저녁에 죽는다고 해도 상관없다. 왜냐? 도를 아는 일이 곧 사는 것의 본질이기 때문이다."

공자의 '가야만 하는 도'와 붓다의 '참된 진리'가 서로 이렇게 통하는구나.

손으로 읽기

행복하자, 미워하지 말고

우리 참으로 행복하게 살아가자.
증오 속에서 증오 없이
증오로 가득 찬 사람들 속에서
증오 없이.

― 〈안락품〉 197

자이언티라는 가수의 노래 〈양화대교〉를 아는가? 가만히 귀 기울여 보면 시작부터 끝까지 간절한 목소리로 "행복하자"며 끊임없이 되뇐다. 붓다가 중생에게 전하려 했던 중요한 가르침도 이와 그리 다르지 않다. 남에 대한 증오만 없앤다면 행복에 아주 가까워진다 가르치신다.

선물, 재산, 친척 그리고 행복

건강은 최고의 선물

만족은 최고의 재산

신뢰는 최고의 친척

열반은 최고의 행복

― 〈안락품〉 204

삼국통일을 이룩한 신라 문무왕은 평소 지의^{智義} 법사에게 유언하였다.

"짐은 죽은 뒤에 나라를 지키는 큰 용이 되겠소. 그래서 불법을 높이 받들고 나라를 지키겠소."

용이라면 짐승인데, 짐승으로 다시 태어난다는 것이 꺼림칙하다고 지의가 답하자 문무왕은 다시 이렇게 답하였다.

"나는 세상의 영화를 싫어한 지 오래되었소. 만약 추악한 업보 때문에 짐승으로 태어나더라도 짐이 평소에 가진 생각과 맞는다오."

속세의 부귀영화에 대한 집착을 버린 문무왕의 결심은 그를 가장 행복한 길로 이끌었다. 그것이 해탈하는 열반이다.

손으로 읽기

> ## 제비가 짖는다
>
> 어리석은 자가 스스로 어리석은 줄 알면
> 더 이상 어리석은 자가 아니다.
> 그러나 어리석은 자가 스스로 현명하다고 알면
> 그것은 진짜 어리석은 것이다.
>
> — 〈우암품〉 63

공자가 자로^{子路}에게 가르친 유명한 말이 있다.

    知之爲知之 不知爲不知 是知也
    지지위지지 부지위부지 시지야

우리말로 읽으면 마치 제비가 짖는 듯 들리는데, 풀이하면 '알고 있는' 것을 '알고 있다'라고 인식하고, '알지 못하는' 것을 '알지 못한다'라고 인식하는 것이 '안다'는 것이다. '알지 못한다'는 것을 알지 못하는 한, 세상일을 아는 것은 불가능하다. '알고 있는 것'과 '알지 못하는 것'을 구별하는 것이야말로 '아는' 것이다.

    아, 제비가 그냥 우짖는 것이 아니지 않는가.

손으로 읽기

진정 고귀한 사람이란-1

욕설과 구타와 형벌을 잘 참아서
화내지 않고
강한 인내력으로 무장한 사람
그런 사람이 진정 고귀한 사람이다.

— 〈바라문품〉 399

1974년, 시인 김지하가 시국사건에 연루되어 투옥되었다. 모진 고문에 시달리다 가석방된 그는 바로《동아일보》에 투옥기를 썼다. 1975년 2월, 엄동설한이었다. 함께 투옥된 김병권과 관련된 한 대목 —.

"사형이 구형 되었다. 나도 웃었다. 김병권이의 최후 진술이 시작되었다. 첫 마디가 '영광입니다.' 이게 무슨 말인가? 이게 무슨 말인가? '영광입니다.' 사형을 구형받자마자 '영광입니다'가 도대체 무슨 말인가? 나는 엄청난 충격 속에 휘말려 들기 시작했다."

아마도 김병권의 강한 인내력에 충격받았을 것이다. 김지하는 이 글 때문에 다시 곧 투옥되었다.

어차피 죽는다는 것을 깨닫는다면

어리석은 자만이 깨닫지 못한다,
우리 모두 죽는다는 것을.
그것을 깨닫지 못한 자만이
싸움을 그치지 않는다.
그것을 깨달은 자는 곧 싸움을 그치리라.

— 〈쌍서품〉 6

위는 빨리어본을 옮긴 것인데, 한역본과 도입부가 사뭇 다르다.

  不好責彼 務自省身
  불호책피 무자성신

이를 번역하면 "남을 책망하기 즐겨하지 말고, 힘써 내 몸을 살펴보라."는 말이다. '죽는다'는 진리에 이르는 깨달음의 전제가 책망으로 대치된 것이다. 같은 《법구경》인데, 이렇듯 달라지기도 하지만, 가르침의 진리는 바뀌지 않는다.

스스로 풀어야 할 미움

그는 나를 욕하고 때렸다,
나를 굴복시키고 내 것을 빼앗아 갔다,
이런 마음을 품고 있는 사람은
미움으로부터 벗어나지 못한다.

— 〈쌍서품〉 3

두 비구가 싸웠다. 한 비구만 내내 욕하고 꾸짖을 뿐, 다른 한 비구는 묵묵히 듣기만 하였다. 그렇게 둘이 싸우다 욕한 비구가 먼저 묵묵한 비구에게 사과했다. 하나 이번에도 그저 듣기만 할 뿐, 끝내 사과를 받아들이지는 않았다.

붓다가 그 일을 전해 듣고 말했다.

"남의 뉘우침을 받아주지 않는다면 그는 어리석은 사람이다. 그런 사람은 오랫동안 이익 없는 괴로움을 받을 것이다."

풀어야 비로소 미움을 벗어 버린다.

물방울이 방울방울 항아리를 채우듯

별것 아닌 일에 마음 쓸 게 무언가 하고
작은 허물이라도 가벼이 여기지 말라.
방울방울 떨어진 물이 항아리를 채우듯
작은 허물이 쌓여 결국 큰 재앙을 불러온다.

― 〈악행품〉 121

이 노래는 사소한 허물을 대수롭지 않게 여기는 어리석은 이에게 교훈을 준다. 반면 지혜로운 이는 어떻게 하는가. 작은 행위라도 소홀히 하지 않아, 그 결과로 마침내 크나큰 기쁨을 맛보게 된다.

  재앙도 복도 둘 다 '방울방울 떨어진 물이 항아리를 채우듯' 서서히 이루어지는 법. 이렇듯 악마는 디테일에 강하고, 복은 사소한 데 있다.

손으로 읽기

일희일비^{一喜一悲} 말라

현명한 이는

그 어디에도 집착하지 않으며

눈먼 쾌락만을 뒤쫓지도 않는다.

기쁜 일에도 슬픈 일에도

그는 전혀 고양되거나 낙담하지 않는다.

— 〈현철품〉 83

《법구경》을 번역한 석지현은 승려이자 시인으로도 이름난 인물이다. 그는 이렇게 말한다.

"생존의 이 바다에는 언제나 즐거움과 괴로움의 파도가 치고 있다. 파도를 타지 말라. 거기 극심한 피로감이 몰려온다."

이는 위 게송에 대한 풀이이기도 하다. 한문본에서는 고락불현^{苦樂不現}이라 옮기는데, 희로애락에 얽매이지 않고 번뇌에서 벗어나 마음 상태를 평온하게 유지하라는 뜻이다. '일희일비^{一喜一悲} 말라'는 말과 일맥상통하리라.

침묵의 명상

참된 지혜는 수행에서 일어난다.
집중된 수행이 없으면 지혜는 곧 사라진다.
지혜의 길과 무지의 길
이 두 가지 길을 안다면
스스로 지혜의 길로 나아가라.

— 〈도행품〉 282

석지현은 수행의 구체적인 방법을 명상이라 말한다. 그렇다면 명상은 어떻게 하는가.

> "지혜의 빛은 명상 속에서 본다. 그리고 명상 수련의 첫 단계는 침묵이다. 아니 명상 수련의 마지막 단계도 역시 침묵이다."

침묵이다. 그저 잠시라도 일상에서 정기적인 침묵의 명상을 실천하는 사람이 있다면 그가 바로 보살이다.

나를 경책할 스승은 무엇?

스스로 자신을 경책하라,
수시로 점검하라,
스스로 자신을 지키며
순간순간 깨어 있으라.
그러면 평화를 얻을 수 있으리라.

— 〈비구품〉 379

뻴로띠까띠쌰는 본디 아난다 장로가 탁발 중에 만난 거지였다. 비구가 된 뒤에도 누더기와 동냥 그릇을 버리지 않고, 그것들을 늘 나무에 걸어두었다. 그리고 마음이 흔들릴 때마다 홀로 찾아가 새삼 다짐하곤 하였다.

"나의 거지 시절을 잊지 말자."

누더기와 동냥 그릇은 그를 경책해 줄 스승이었다. 그렇다면 나를 경책할 스승은 무엇인가?

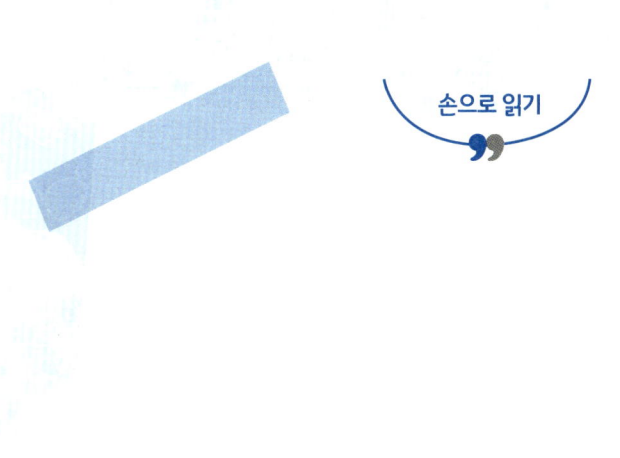

마포 밤섬의 전설

끊임없는 노력과 주의력으로 마음을 집중하며
계율을 지키고 감각 기관을 잘 다스림으로써
지혜로운 사람은 그 자신의 영혼을 위해
홍수에도 쓸려 가지 않는 섬을 만든다.

— 〈방일품〉 25

한강의 서강대교를 끼고 섬이 있다. 마포 강변의 밤섬이다. 1960년대 후반까지 꽤 많은 사람이 살던 유인도였는데, 한강 개발을 하면서 폭파해 작은 돌로 뒤덮인 조그만 무인도가 되었다. 살던 사람들은 주변 마을로 옮기거나 멀리 떠나 뿔뿔이 흩어졌다.

무인도가 된 지 어언 60여 년, 어느새 밤섬은 예전만큼 도로 커졌다. 차츰 떠밀려 오던 흙과 모래가 돌섬에 걸려 조금씩 퇴적하더니 어엿한 섬이 되었고, 떠내려온 나무가 자리 잡아 울창한 숲까지 이룬 것이다.

이제 사람이 살아도 될 만큼이다. 떠났던 사람에게는 저마다 사연이 있다. 그 사연은 쓸려 가지 않았으니 그들은 돌아올 것이다.

행복의 근원

마음을 다스리는 것은 쉽지 않다.
그것은 빠르고 가볍게 움직여서
어느 곳이든 좋아하는 곳에 머문다.
마음을 다스리면 참으로 유익하다.
잘 다스려진 마음은 행복의 근원이다. ― 〈방일품〉 35

신라의 고승 연회緣會는 왕이 국사로 삼으려 하자 곧 암자를 버리고 떠났다. 서쪽 고개를 지나는데, 밭을 갈던 한 노인이 어디 가느냐 물었다. 연회가 분에 넘친 벼슬을 주려 하기에 피한다고 답하자 노인은, "여기서 팔면 되지 뭐 멀리까지…." 했다. 연회는 노인이 자기를 놀린다고 여겨 새겨듣지 않았다.

몇 리쯤 더 가 이번엔 시냇가에서 한 노파를 만났는데, 노인과 똑같이 묻는 게 아닌가. 아까와 똑같이 답하니 노파는 앞서 누구를 만난 적 없냐고 물었다. 한 노인을 만났다고 연회가 말하자, "그분이 문수대성이신데…." 하지 뭔가. 깜짝 놀란 연회는 돌아와 머리를 조아려 사죄하며, 내친김에 시냇가의 노파는 어떤 분인지 물었다. 문수대성은 변재천녀라 답했다.

두 분 성인께 잇달아 카운터펀치를 맞고서야 연회는 비로소 자신이 얼마나 경솔했는지 깨달았다. 하여 어명을 받든 사신이 다시 부르자, 제 업이라 여기며 기꺼이 받아들였다.

손으로 읽기

구름을 헤치고 나온 달

처음에 악한 행동으로 죄악을 저질렀다 하더라도
선한 행위를 통해 그 죄악을 씻는 사람,
그는 이 세상을 환하게 비추리라.
이제 막 구름을 헤치고 나오는 저 달처럼.

— 〈세속품〉 173

앙굴리말라는 본디 희대의 살인마였다. 이름도 '손가락으로 목걸이를 만든 자'라는 뜻이다. 하지만 석가모니와 만나 깨달음을 얻고 제자가 되었다. 앙굴리말라의 이야기는 잘못을 저지른 자가 죄만큼 벌을 받는 것보다 악인이라도 자기 잘못을 깊이 뉘우치고, 진심으로 참회하는 것이 중요함을 보여준다. 아래는 기독교의 《성서》 창세기 9:13-15로 위 노래와 비교해 읽어보자.

"내가 무지개를 구름 속에 둘 터이니, 이것이 나와 땅 사이에 세우는 언약의 표가 될 것이다. 내가 구름을 일으켜서 땅을 덮을 때마다, 무지개가 구름 사이에서 나타나면, 나는, 너희와 숨 쉬는 모든 짐승 곧 살과 피가 있는 모든 것과 더불어 세운 그 언약을 기억하고, 다시는 홍수를 일으켜서 살과 피가 있는 모든 것을 물로 멸하지 않겠다."

진정 고귀한 사람이란-2

> 그는 몽둥이를 버리고 무기를 내려놓았다.
> 그는 어떠한 생명도 괴롭히지 않으며
> 생명을 해치거나
> 해치는 원인을 만들지 않는다.
> 그런 사람이야말로 진정 고귀한 사람이다.
>
> ― 〈바라문품〉 405

이런 사람은 앞에서 말한 인내하는 사람 못지않게 고귀하다. 《성서》에도 비슷한 이야기가 나온다. 이사야는 이스라엘의 위대한 선지자 가운데 한 사람이다. 하나님의 뜻을 전해 민족을 구한 사상의 핵심이 《성서》 이사야 2:4에 있다.

"그가 열방 사이에 판단하시며 많은 백성을 판결하시리니, 무리가 그들의 칼을 쳐서 보습(쟁기)을 만들고 그들의 창을 쳐서 낫을 만들 것이며, 이 나라와 저 나라가 다시는 칼을 들고 서로 치지 아니하며, 다시는 전쟁을 연습하지 아니하리라."

곱씹을수록 위 게송을 떠올리게 된다.

손으로 읽기

화살을 참고 견디는 코끼리처럼

전쟁터에 나가 싸우는 코끼리가
날아오는 화살을 잘 참고 견디듯,
어리석은 자들의 욕설을
잘 참고 견뎌라.
진실로 세상에는 사람이 적으니.

― 〈상유품〉 320

붓다는 왜 '싸움터에 나간 코끼리'처럼 참고 견뎌야 한다고 했을까? 붓다에게 앙심을 품은 어떤 왕비가 온갖 수단을 동원해 괴롭혔다. 그녀가 처녀 적에 받은 수모를 복수하려는 것이었다. 보다 못한 제자 아난다가 이곳을 떠나 다른 곳으로 가자며 간청하자 붓다는 대답하였다.

"비방하는 사람을 피해 옮겨만 다닐 수 없다. 일이 벌어진 그 자리에서 해결해야지. 가고 싶은 곳이 있다면 그때 가는 것이 좋겠다."

싸움터의 코끼리처럼, 싸워서 이겨야 할 때는 피하지 않는다.

가장 위대한 정복자

백만 명과 싸워 이기는 것보다
자기 한 사람과 싸워 이기는 것이 낫다.
자기 자신을 정복한 사람
그 사람이 세상에서 가장 위대한 정복자다.

― 〈술천품〉 103

《난중일기》 중 막내아들 면(葂)의 부고에 아비로서 비통함을 드러낸 대목은 단연 압권이다. 그 어떤 역경에도 냉철했건만, 이순신도 인간이었다.

"새벽에 꾼 꿈에서 나는 말을 타고 언덕 위를 가다가 말이 헛디뎌 냇물 속으로 떨어졌다. 아직 거꾸러지지는 않은 나를 막내아들 면이 껴안는 모습을 보고 잠에서 깨었다. 무슨 조짐인지 모르겠다. 저녁에 어떤 사람이 집안 편지를 전했다. 겉봉을 대강 뜯고 둘째아들 열의 글씨를 보니, 곁에 '통곡' 두 글자가 씌어 있었다. 면이 전사한 것이었다. 나는 나도 모르게 간담이 떨어져 목 놓아 통곡하였다."(1597.10.14.)

'목 놓아 통곡'하다 못해 일기 끝에 "울부짖기만 할 뿐. 하룻밤 지내기가 1년 같구나."라고 썼다. 그리고 이듬해 11월 18일, 이순신은 노량해전에서 전사한다. 가히 '자기 한 사람과 싸워 이긴' 죽음이 아닌가. 하여 그는 '가장 위대한 정복자'다.

진정한 세상의 주인

비록 수행자의 낡은 옷을 입지 않았더라도
지극히 평화롭게 살아가며
매사에 긍정적이고
자기 절제와 신념이 있는 사람,
그리고 살아 있는 생명을
함부로 해치지 않는 사람,
진정한 구도자요 수행자.

― 〈도장품〉 142

법정 스님은 〈잊을 수 없는 사람〉에서 우연히 만난 한 사내의 이야기를 전한다. 그는 버스 창틀의 헐거운 나사못을 보더니 호주머니 속 칼을 끄집어내 죄어놓았다고 했다. 가만히 감동하는 장면이다.

  사소한 것 하나도 내 것, 네 것을 치열하게 따져 분별하는 세상이다. 내 것은 애지중지하지만, 공공이 이용하는 시설에 대해 그런 마음을 보이는 이가 과연 몇이나 될까? 버스 창틀의 나사를 죈 그 사내는 내 것, 네 것을 분별하지 않았다. 아마 세상 모든 것을 내 것이자, 같은 이유로 실은 내 것이 아니라 여겼으리라. 그 사내야말로 진정 세상의 주인이 될 만하다.

손으로 읽기

사랑도 미움도 괴로움인 것을

사랑으로부터 벗어나라.

미움으로부터도 벗어나라.

사랑의 끝은 고통이요,

미움의 끝 또한 고통인 것을….

— 〈애호품〉 210

이 게송은 시인이자 한학자인 김달진의 번역으로 유명하다.

"사랑하는 사람을 가지지 말라.

미운 사람도 가지지 말라.

사랑하는 사람은 못 만나 괴롭고

미운 사람은 만나서 괴롭다."

《햄릿》의 "To be or not to be, that is question."을 "사느냐 죽느냐 그것이 문제로다."라고 번역한 것만큼 압권이다.

사랑도 없고, 미움도 없다면

그러므로 사랑하는 사람을
가지지 말라.
사랑을 잃어버릴 때
그것은 견딜 수 없는 고통이 된다.
이제 사랑도 없고 미움도 없는 사람은
그 어디에도 잡히거나 구속되지 않는다.   ―〈애호품〉211

바로 앞에 소개한 210번 게송과 짝을 이룬다. 이 노래에 이어 212번 게송에서는 "사랑으로부터 벗어나면 고통도 슬픔도 없다."고 결론짓는다. 그런데 석지현은 이에 딴지를 건다.

> "그러나 정말 그러나 사랑의 고통이 없다면, 사랑의 슬픔이 없다면 여기 문학적인 삶은 없는 것을…. 사랑의 고통과 슬픔은, 삶의 시적詩的인 영감이 샘솟는 근원인 것을…."

'시적인'이라는 전제가 붙지만, 사랑을 영감의 근원으로 표현하였다. 대중가수 김종서 또한 사랑을 '아름다운 구속'이라 노래했으니, 구속의 이중적 의미를 잘 생각하시길.

손으로 읽기

진정한 마부

저 질주하는 마차를 정지시키듯
폭발하는 분노를 제압하는 사람,
그는 진정한 마부다.
그러나 사람들은
그저 말고삐만 쥐고 있을 뿐
성난 말들을 정지시킬 수 없나니
진정한 마부라고 부를 수 없다.

— 〈분노품〉 222

《법구경》 한역본에서는 성내는 마음을 스스로 다스리는 사람이 마지막에 '기명입명棄冥入明'한다고 결론짓는다. 즉 어두운 행실을 버리고 광명의 세계로 든다는 것인데, 한역본은 이렇듯 해설에 친절하다.

손으로 읽기

죽고 삶의 악순환

그대 자신을 의지처로 삼아서
부지런히 노력하라.
지혜로운 자가 돼라.
이 모든 더러움을 저 멀리 날려 보내고
번뇌에서도 벗어나라.
그러면 이제 그대는
탄생과 죽음의 이 악순환 속으로
다시는 휘말려 들어오지 않을 것이다.

— 〈진구품〉 238

공덕을 애써 쌓았더니 사람으로 다시 태어났다고 해서 마냥 좋아할 일은 아니다. 그것은 고해^{苦海}3의 한가운데 다시 던져지는 것이기 때문이다. 탄생과 죽음은 악순환일 뿐, 거기서 벗어나는 것이 해탈이요, 지극한 경지이다.

----

3. 한역본에서는 고형(苦形)이라고 썼다.

순수한 사람, 사악한 사람

저 히말라야의 연봉連峰과도 같이
멀리 더 멀리서도
눈부시게 빛나고 있다,
그 영혼이 순수한 사람은.

저 어둠 속에서 쏜 화살처럼
가까이 가까이 있어도
보이지 않는다,
그 영혼이 사악한 사람은.

— 〈광연품〉 304

붓다가 홀로 수행하는 한 비구에게 일렀다.

"훌륭한 혼자의 삶이 있다. 지난날을 완전히 잊어버리고, 미래에도 매달리지 아니하며, 현재에 탐착하지 않는다. 마음속에 망설임이 없고 걱정이나 후회를 버려 욕망을 떠나고 번뇌를 끊는 것이다."

탐착하지 않고 번뇌를 끊은 이런 사람은 아무리 멀리 있어도 눈부시게 빛난다.

손으로 읽기

욕망으로 일어나는 고통

가지가 잘려도

그 뿌리가 상하지 않으면

저 보리수나무는 자꾸자꾸 되살아나듯

욕망을 뿌리째 뽑아 버리지 않는 한

욕망으로 하여 일어나는

삶의 이 고통은

자꾸자꾸 되살아난다.

— 〈애욕품〉 338

욕망을 뿌리째 뽑아 버리라는 요구를, 석지현은 이렇게 풀이한다.

"욕망의 에너지를 불멸을 향한 그것으로 변형시키라."

없애려 한들 쉬이 없어지지 않는 것이 욕망이다. 그러하기에 차라리 구도의 열정으로 변형시키라는 것이다. 욕망은 엄청난 에너지다. 만약 이런 에너지가 없다면 구도의 열정도 없다. 그냥 두면 그저 고통일 테지만.

다시 지을 수 없는 집

집[4]을 지은 자여, 너는 이제 드러났다.
너는 다시 이 집을 짓지 못하리라.
네 모든 서까래는 부서졌고
대들보는 무너져 내렸다.
내 마음은 지금 모든 환각에서 깨어나
니르바나, 저 새벽을 향하고 있다.

— 〈노모품〉 154

"인간은 왜 이 무감각한 우주의 허무 속에서 삶을 이어가려고 할까? 그건 확고한 믿음, 즉 인간의 영광, 승리, 불멸성에 대한 확신 때문이다. 바로 인간의 삶에 대한 믿음이다. 인간은 삶을 사랑하며, 그 이유로 죽음을 증오한다. 그러므로 인간은 위대하며 영광스럽고 아름답다. 그리고 그 아름다움은 영원히 계속된다. 무감각한 별들 아래 살아가면서도 인간은 그 속에서 자신의 의미에 대해 쓴다. 또 인간의 삶은 두려움, 노고, 번뇌, 끝없는 혼란의 연속이다. 그럼에도 숨 쉴 때마다 상처 입은 폐에서 부글부글 피거품이 끓어오르는 고통을 겪을지라도 숨이 멎는 것보다 삶을 더 사랑한다."

— 토머스 울프, 《You Can't Go Home Again》 중에서

....
4. 인간의 육신(몸), 삶 등을 의미.

산스크리트어로 능엄楞嚴은 수람가마Śūraṃgama다. 풀이하면 장벽障壁을 허물고, 장애障碍를 무너뜨리는 것인데, 깨달음에 이르기 위해 빠짐없이 이 모든 것을 순조롭게 갖춰나가는 원돈圓頓의 가르침이다. 인연因緣과 만유萬有의 이치가 담긴 경전이기도 하다.

능엄경

내 마음을 다스려
해탈에 이르는 길

깨달음의 두 가지 근본이란?

모든 중생이 시작이 없는 과거로부터 여러 가지로 뒤바뀌어 그 업의 씨앗이 자연 악차의 열매와 같이 한데 모여 있으며, 수행한 모든 사람이 최상의 보리를 이루지 못하고 별도로 성문이나 연각을 이루며, 외도와 하늘과 마왕과 마구니[1]의 권속이 되기도 하니, 이 모두가 두 가지 근본을 알지 못하고 뒤섞여 어지럽게 닦아 익혀왔기 때문인데, 이는 마치 모래를 삶아서 좋은 음식을 만들려는 것과 같아서, 비록 티끌처럼 많은 겁劫의 세월을 지낸다 하더라도 마침내 이룰 수 없느니라.

— 제1권

악차惡叉는 교목이다. 이 나무의 열매는 세 개의 씨앗이 한곳에 모여 있다고 한다. 또 성문聲聞이나 연각緣覺은 각각 수행하는 이를 이른다. 성문은 대승이 아니라 소승에 머물러 있는 이를 말하고, 연각은 홀로 수행하여 깨달은 성자로 곧 독각獨覺이라 한다.

깨달음을 얻기 위한 두 가지 근본은 첫째, 시작이 없는 나고 죽음의 근본, 둘째, 시작이 없는 보리와 열반의 근본인 깨끗한 본체이다. 핵심은 시작이 없는 근본이요 본체!

....
1. 악마를 상징하며, 삼독(탐욕·성냄·어리석음)의 근원.

등불과 눈과 마음

그러므로 마땅히 알아야 한다.
등불은 빛을 나타낼 수 있을지언정
이렇게 보는 것은 눈이지 등불이 아니며,
눈은 빛깔을 나타낼 수 있을지언정
이렇게 보는 성품은 마음이지 눈이 아니다.

— 제1권

예수는 진리를 찾아가는 도구로써 등불을 말했다.

"또 그들에게 이르시되, 사람이 등불을 가져오는 것은 말(됫박) 아래에나 평상(침대) 아래에 두려 함이냐, 등경 위에 두려 함이 아니냐. 드러내려 하지 않고는 숨긴 것이 없고, 나타내려 하지 않고는 감추인 것이 없느니라."(마가복음 4:21-22)

밝히려는 목적이라면 등불은 모름지기 등경 위에 두는 것이 마땅하다. 한편 붓다는 이와 다른 맥락에서 등불을 가져와 진리를 설명한다. 즉 등불 앞에는 눈이 있고, 눈앞에는 마음이 있다. 보는 것의 요체는 등불도 아니고 눈도 아닌 내 마음이다.

물거품이 바다라는 착각

한 번 잘못 알아 마음이라 인정하고는, 이 마음이 결코 내 몸속에 있는 줄로 착각하여, 이 몸이나 밖에 있는 산과 강, 허공과 대지大地에 이르기까지, 모두 오묘하게 밝고 참된 마음속의 물건임을 알지 못한다.

비유하면 맑고 깨끗한 큰 바다는 버리고, 오직 하나의 들뜬 물거품만을 바다 전체인 양 잘못 인식하여, 눈앞의 조수潮水를 보고 바다 전체를 다 알았다고 하는 것과 같다.

— 제2권

빗물이 고인 참호 속에 엎드려 있다
후둑 후둑 물방울 털어 내며
우리는 뛰어올랐다, 고지는 위쪽
철없는 뻐꾸기만 울다 간 자리
숨이 차올라 발끝까지 힘이 빠졌지만
목 아프도록 함성을 지르며 뛰쳐 오른
점령한 고지엔 적이 없었다
우리는 가상假像을 향해 뛰었을 뿐

— 고운기, 〈효동일지〉 부분

손으로 읽기

인연도 아닌, 자연도 아닌

마땅히 알아야 한다.
이렇게 정밀한 깨달음의 오묘하고 밝은 것은
인(因)도 아니고 연(緣)도 아니며,
자연도 아니고 자연이 아닌 것도 아니며,
아닌 것과 아님이 아닌 것도 없고
이것과 이것이 아닌 것도 없어서
일체의 모양에서 벗어나 일체의 법에 나아간다.

― 제2권

《능엄경》은 불교가 중국에 전래된 이후에 만들어진 경전으로 보기도 한다. 심지어 위경(僞經)이라고까지 주장하는 이도 있다. 위경까지는 아니라도 중국에서 성립되었으리라는 심증은 간다. 번역 과정에서 한문 특유의 높은 철학성으로 감싸인 결과가 아닐까? 마치 히브리어 《성서》가 라틴어로 번역되며 누린 세련과 같다.

본질을 왜곡한 것은 병든 내 눈

눈병이 생겨 눈이 붉어지면 밤에 등불을 볼 적에 또 다른 둥근 그림자가 생겨서 다섯 가지 색깔이 중첩으로 나타나 보인다. 어떻게 생각하는가? 이것이 등불의 빛인가, 아니면 보는 사람의 빛인가?

만약 등불의 빛이라면 눈병이 없는 사람은 보지 못하고, 오직 눈병이 있는 사람에게만 보인다. 만약 보는 주체의 빛이라면 보는 주체는 이미 빛을 이루었으니, 저 눈병 걸린 사람만의 둥근 그림자는 무엇이라고 말하겠는가?

그러므로 마땅히 알아야 한다. 빛깔은 사실 등불에 있는 것인데, 보는 주체가 병으로 인하여 둥근 그림자가 생겼다.

— 제2권

지도만 믿고 낯선 거리로 나섰다가는 당혹스러울 때가 많다. 지도는 평면이고 거리는 입체이기 때문이다. 실제 거리는 머릿속 지도에서 상상한 거리와 사뭇 다른 풍경으로 다가온다. 본질이 형식으로 바뀐 눈앞의 현상은 언제나 그러하다.

손으로 읽기

나타났다 어느새 사라지는

저 다른 것을 다르다고 여겨서
그 다른 것으로 인해 같음이 성립되었고,
같음과 다름을 분명히 구분하므로
그로 인해 다시 같음도 없고 다름도 없음이 성립되었다.
이렇게 흔들리고 어지러운 것이 서로 작용하면 피로가 생기고,
그 피로가 오래되면 번뇌가 생겨서
자연 서로 혼탁하게 된다.
또 이로 말미암아 오염과 번뇌가 일어난다.

― 제4권

같고 다름이 없는 것을 유위법^{有爲法}이라 한다. 유위법은 '참다운 현상계'로 풀이하기도 한다. 전제는 이렇다. "움직여 일어나면 세계가 되고, 고요하게 있는 것은 허공이다." 이때 고요한 허공은 같지만, 움직이는 세계는 다르다. 그러나 유위법은 이렇게 다르고 같은 것을 서로 구분하지 않는다. 공^空하고, 공^空하지 아니한 것이 실은 하나이기 때문이다. 즉 불공여래장^{不空如來藏}이다. 지금 있는 곳에서 번뇌를 벗어던지면 그곳이 바로 고요한 허공일 뿐.

물속의 해그림자

어떤 것을 함께 나타나는 것이라고 하는가? 마치 물속에 해의 그림자가 나타나는 것과 같다. 두 사람이 함께 물속의 해를 보다가 각각 동쪽과 서쪽으로 가면, 물속의 해도 두 사람을 따라 하나는 동쪽으로, 하나는 서쪽으로 간다. 본래부터 표준 한 곳은 없다. 그런데 따져 말하기를 "저 해는 하나인데 어찌하여 각각 가느냐?"고 하며, "각각 가는 해가 이미 둘인데 어찌하여 하나로 나타나느냐?"고 할 수는 없다. 허망하여 의지할 수 없는 일이다.

― 제4권

호수 앞에 앉으면 안경을 벗는다
그리고 크게 숨쉬기 열 번
네 눈을 마주 보고 이야기하고 싶다
미간을 찌푸리듯
물속 깊숙한 데서 일어난
네가 지닌 고민과 갈등을 전해 주는 파문^{波紋}
강아지풀 형제가 가만히 흔들리는데
바람이 분다고만 물결이 일지 않음을
호수는 나에게 가르쳐 주었다.

― 고운기, 〈호수〉

허공의 꽃

참다운 성품에는 작위^{作爲}가 없으니
인연으로 생기는 것은 허깨비와 같다.
작위도 없으며 생기거나 없어짐도 없어서
진실하지 못함이 허공의 꽃과 같다.

— 제5권

붓다가 아난다에게 말했다.

"감각기관과 그 대상인 물질은 근원이 같고, 얽매임과 해탈 또한 둘이 아니며, 인식하는 성품의 허망함이 허공의 꽃과 같단다."

그러면서 이 뜻을 거듭 밝히기 위해 위의 게송을 남겼다. 일연^{一然} 스님의 비문 첫머리에 "맑은 거울과 둔탁한 쇠가 원래 두 물건이 아니요, 휘몰아치는 파도와 고요한 호수가 함께 한 근원에서 나온다."는 대목이 이 뜻임을 알겠다.

손으로 읽기

관음보살의 서른두 가지 응신

만약 모든 중생이 욕심을 밝게 깨달아서
욕심의 티끌을 범하지 아니하고 욕심 덩어리인 그 몸이 깨끗해지면
저는 그의 앞에 범왕梵王의 몸으로 나타나서
그를 위해 설법하여 그로 하여금 성취토록 하겠습니다.

— 제6권

관음보살은 갠지스강의 모래알만큼 셀 수 없이 많은 겁 이전에 관음여래로 인해 가르침을 받았다.

　"듣는 것으로부터 생각하고 닦아서 삼마지로 들어가라."

삼마지三摩地란 바른 선정을 닦는 터전이다. 관음은 현세의 붓다를 만나 서른두 가지 응신應身을 이뤄 각각 필요로 하는 중생에게 나타나 돕겠다고 하였다. 부처의 몸, 연각緣覺2의 몸, 자재천自在天3의 몸, 거사의 몸, 비구의 몸, 비구니의 몸 등이다. 범왕梵王4은 서른두 가지 응신 중에 다섯 번째 몸이다. 관음보살이 자비로 중생을 돕는 존재라는 근거가 여기 있다.

....
2. 부처의 가르침에 기대지 않고 스스로 도를 깨달은 성자(聖者).
3. 인도 브라만교에서 말하는 만물 창조의 신.
4. 중생이 온갖 고통을 참고 견디는 사바세계를 주관하는 신.

모래를 끓여 짓는 밥

> 만약 음욕을 끊지 않고서 선정을 닦는 이는
> 비유하면 마치 어떤 사람이 모래를 끓여서 밥을 짓는 것과 같다.
> 백천 겁을 지내더라도 다만 뜨거운 모래라고 이름할 뿐이니,
> 이는 밥이 되는 근본이 아닌
> 모래로 밥을 지으려 하기 때문이다.
>
> ― 제6권

붓다가 가장 먼저 경계한 '깨끗하고 분명한 가르침'은 '음욕淫欲 끊기'이다. 본래 '번뇌'에서 벗어나고자 수행하는데, 음란한 마음을 없애지 못한다면 도무지 벗어날 수 없고, 마구니[5]의 무리에 떨어진다고 가르치신다. 여기서 '모래로 짓는 밥'이라는 유명한 비유가 나온다.

---

5. 마음속에서 일어나는 번뇌를 의미한다.

손으로 읽기

살아있다면 풀조차

만약 살생할 마음을 끊지 않고서 선정을 닦는 이는
비유하면 마치 어떤 사람이 스스로 자신의 귀를 막고
크게 소리를 지르면서
다른 사람이 듣지 않기를 구하는 것과 같다.
이러한 것을 가리켜 숨기고자 하나
더욱 드러나는 것이라고 한다.

— 제6권

붓다가 두 번째로 경계한 '깨끗하고 분명한 가르침'은 '살생^{殺生} 끊기'이다. 더욱이 고기에 눈이 멀어 살생을 일삼지 않도록 하였다. 이에 붓다는 다섯 가지 깨끗한 고기를 주는데, 진짜 고기로 오해하여서는 안 된다. 바로 능이, 포이, 송이, 유이, 석이라 부르는 버섯이다. 무더운 데다 습해서 풀이나 채소가 잘 자랄 수 없는 환경이라 붓다가 신력으로 버섯을 만들어 냈다고 한다. 붓다는 심지어 길을 다닐 적에 살아있다면 풀조차 밟지 않았다.

새는 잔에 물 붓기

만약 도둑질할 마음을 끊지 않고서 선정을 닦는 이는
비유하면 마치 어떤 사람이
새는 잔에다 물을 부으면서 가득 차기를 바라는 것과 같다.
비록 수많은 겁을 지낸다고 하더라도
끝내 가득 채우지 못한다.

— 제6권

붓다가 세 번째로 경계한 '깨끗하고 분명한 가르침'은 '도둑질 끊기'이다. 단, 여기서 도둑질은 단지 다른 사람의 재산을 훔치는 행위에 국한되지 않는다. 입을 옷과 바루⁶ 외에는 손톱만큼도 쌓아두지 말고, 걸식乞食하되 그마저도 남은 것은 중생에게 나눠주라고 하였다. 무소유無所有 그 자체이다. 여기서 '새는 잔에 물 붓기'라는 유명한 비유가 나온다.

---

6. 절에서 쓰는 승려의 공양 그릇. '바리'라고도 함.

똥을 깎아 불상을 만들려는가?

만약 큰 거짓말을 끊지 못한 사람은
마치 사람의 똥을 깎아 전단栴檀7의 형체를 만들려는 것과 같다.
향기를 구하고자 하여도 그렇게 될 리가 없다.

— 제6권

붓다가 네 번째로 경계한 '깨끗하고 분명한 가르침'은 '거짓말 끊기'이다. 앞서 세 가지 경계를 잘 이루었다 해도 만약 거짓말을 하게 되면 그로 인해 애견愛見의 마魔를 이루어 깨달음으로 나아가는 길을 막아선다. 여기서 애愛는 자기 자신만을 위한 것이고, 견見은 삿된 견해이다. 가장 큰 애견은 이루지 못한 증득證得, 곧 깨달음을 이루었다 거짓말하는 것이다. 결국 집착하고 좋아하는 것에 대한 그릇된 견해나 고집 때문에 번뇌와 고통에 휩싸이게 된다. 이것이 똥으로 불상을 만들려는 어리석음이 아니고 무엇이랴?

---

7. 전단은 나무의 하나인데, 향이 좋고, 불상을 만드는 재료로 쓰였다.

손으로 읽기

닦고, 조이고, 기름 치자

무엇을 세 가지 점진적인 순서라고 하는가?
첫째는 닦고 익힘이니 도 닦는 데 방해되는 근본을 제거하는 것이요,
둘째는 참된 수행이니 그 정성^{正性}을 없애는 것이요,
셋째는 더욱 정진하여 나아가는 것이니
그 현재의 업을 어기고 역으로 나아가는 것이다.

— 제8권

점진적으로 나아가는 세 가지 법을 쉽게 비유하면 자동차 정비공장에 걸린 표어와 같다.

닦고, 조이고, 기름 치자!

닦기로 시작하여, 수행해 조이고, 기름 쳐 정진하기를 게을리하지 않아야 녹슬지 않는 법. 무엇보다 매일 점진적이고 꾸준히 차례로 이뤄질 때, 정성^{正性}도 비로소 없앨 수 있을 것이다. 정성이란 탐^{貪} 진^{瞋} 치^{痴}의 삼독^{三毒}이다.

마음에 쓰기

여러분을 위해 비워둔 '마음에 쓰기' 공간입니다. 저마다 삶에서 만난 번뇌의 강을 건널 뗏목이 될 구절을 적어보세요. 만약 뗏목으로 그 쓰임을 다하면 지우고 새로운 구절로 채워가 보세요.

❝ 마음에 쓰기   20 . . .   나의 뗏목이 되어준 한 구절

....

....

....

....

❝ 마음에 쓰기   20 . . .   나의 뗏목이 되어준 한 구절

....

....

....

....

마음에 쓰기　　20　.　.　.　나의 뗏목이 되어준 한 구절

마음에 쓰기　　20　.　.　.　나의 뗏목이 되어준 한 구절

마음에 쓰기　　20　.　.　.　나의 뗏목이 되어준 한 구절

마음에 쓰기 20 . . . 나의 뗏목이 되어준 한 구절

마음에 쓰기 20 . . . 나의 뗏목이 되어준 한 구절

마음에 쓰기 20 . . . 나의 뗏목이 되어준 한 구절

마음에 쓰기 20 . . .   나의 뗏목이 되어준 한 구절

마음에 쓰기 20 . . .   나의 뗏목이 되어준 한 구절

마음에 쓰기 20 . . .   나의 뗏목이 되어준 한 구절

마음에 쓰기　20 ． ． ． 나의 뗏목이 되어준 한 구절

마음에 쓰기　20 ． ． ． 나의 뗏목이 되어준 한 구절

마음에 쓰기　20 ． ． ． 나의 뗏목이 되어준 한 구절

마음에 쓰기　20　.　.　.　나의 뗏목이 되어준 한 구절

마음에 쓰기　20　.　.　.　나의 뗏목이 되어준 한 구절

마음에 쓰기　20　.　.　.　나의 뗏목이 되어준 한 구절

> **마음에 쓰기**　20　.　.　.　나의 뗏목이 되어준 한 구절

> **마음에 쓰기**　20　.　.　.　나의 뗏목이 되어준 한 구절

> **마음에 쓰기**　20　.　.　.　나의 뗏목이 되어준 한 구절

마음에 쓰기 20 . . . 나의 뗏목이 되어준 한 구절

마음에 쓰기 20 . . . 나의 뗏목이 되어준 한 구절

마음에 쓰기 20 . . . 나의 뗏목이 되어준 한 구절

> **마음에 쓰기**　20 . . .　나의 뗏목이 되어준 한 구절

> **마음에 쓰기**　20 . . .　나의 뗏목이 되어준 한 구절

> **마음에 쓰기**　20 . . .　나의 뗏목이 되어준 한 구절

> **마음에 쓰기**　　20 .   .   .　나의 뗏목이 되어준 한 구절

> **마음에 쓰기**　　20 .   .   .　나의 뗏목이 되어준 한 구절

> **마음에 쓰기**　　20 .   .   .　나의 뗏목이 되어준 한 구절

마음에 쓰기 20 . . . 나의 뗏목이 되어준 한 구절

마음에 쓰기 20 . . . 나의 뗏목이 되어준 한 구절

마음에 쓰기 20 . . . 나의 뗏목이 되어준 한 구절

마음에 쓰기　20　.　.　.　나의 뗏목이 되어준 한 구절

마음에 쓰기　20　.　.　.　나의 뗏목이 되어준 한 구절

마음에 쓰기　20　.　.　.　나의 뗏목이 되어준 한 구절

마음에 쓰기   20 . . . 나의 뗏목이 되어준 한 구절

마음에 쓰기   20 . . . 나의 뗏목이 되어준 한 구절

마음에 쓰기   20 . . . 나의 뗏목이 되어준 한 구절

마음에 쓰기 20 . . . 나의 뗏목이 되어준 한 구절

마음에 쓰기 20 . . . 나의 뗏목이 되어준 한 구절

마음에 쓰기 20 . . . 나의 뗏목이 되어준 한 구절

❝ 마음에 쓰기   20 . . . 나의 뗏목이 되어준 한 구절

❝ 마음에 쓰기   20 . . . 나의 뗏목이 되어준 한 구절

❝ 마음에 쓰기   20 . . . 나의 뗏목이 되어준 한 구절

마음에 쓰기　20　.　.　.　　나의 뗏목이 되어준 한 구절

마음에 쓰기　20　.　.　.　　나의 뗏목이 되어준 한 구절

마음에 쓰기　20　.　.　.　　나의 뗏목이 되어준 한 구절

참고자료

● 아함경
성열, 《부처님 말씀》, 현암사, 2003.
高楠順次郎・渡邊海旭 외, 《大正新修大藏經》, 大正一切経刊行会, 1924~1934.
동국대학교 동국역경원 편역, 《한글대장경》, 동국대학교동국역경원, 1965~2000.

● 화엄경
동국대학교 동국역경원 편역, 《한글대장경》, 동국대학교동국역경원, 1965~2000.
鎌田茂雄, 《華嚴經物語》, 大法輪閣, 2004.
가마타 시게오, 《화엄경 이야기》(장휘옥 옮김), 장승, 1992.

● 법구경
법정스님, 《무소유》, 범우사, 1976.
장철문, 《진리의 꽃다발 법구경》, 아이세움, 2006.
동국대학교 동국역경원 편역, 《한글대장경》, 동국대학교동국역경원, 1965~2000.
거해 옮김, 《법구경》, 고려원, 1992.
김달진 옮김, 최동호 엮음, 《법구경》, 문학동네, 2005.
석지현 옮김, 《법구경》, 민족사, 2016.

● 능엄경
동국대학교 동국역경원 편역, 《한글대장경》, 동국대학교동국역경원, 1965~2000.
세종대왕기념사업회편집부, 《능엄경언해(楞嚴經諺解)》, 세종대왕기념사업회, 2003.
불전간행회 편, 《능엄경》(김두재 옮김), 민족사, 1994.